Wat Cold Reading ons kan vertellen...
(Werkboek: Productieve Elementen)

Deel 2

Auteur: Reader Antwan

1e druk, december 2010

Reeks: Een startwijzer / Reeksnummer 2006 3

V.U. - vzw Paranormaalbeurs.info

B-3620 Lanaken (Belgie)

NUR 720

© 2010 vzw Paranormaalbeurs.info, Lanaken

Alle rechten voorbehouden. Niets uit deze uitgave mag worden gereproduceerd door middel van druk, fotokopie of op enig andere wijze zonder voorafgaande schriftelijke toestemming van vzw Paranormaalbeurs.info.

1. Inhoudsopgave
2. Ter Inleiding
3. Startzinnetjes
4. Suikerklontjes
5. Algemene karakterverklaringen (Barnum-Statements)
6. Barnum-Statements & Forking
7. Groener Gras
8. Helderziend krediet
9. Rainbow Ruse
10. Eigen voorraad zinnen
11. Fijne vleierij
12. Homerische vergelijkingen
13. Vergelijkingen met dieren
14. Onderlinge vergelijkingen
15. Gebruik van stijlfiguren
16. Karakter Competenties
17. Fuzzy Feit: Geografisch
18. Fuzzy Feit: medisch
19. Fuzzy Feit: feitelijk
20. De Pure Gok
21. Gewoon Gissen
22. Statistisch Feit
23. Triviale Feit

24. Culturele Trend
25. Herinneringen aan de jeugd
26. Woorden & Betekenissen
27. Bezorgde Ouders
28. Fijn Werk
29. Volkswijsheden
30. Seizoensgebonden aanwijzingen
31. Toevoegen van Beelden
32. Extrapolatie & Perspectief
33. Verschillende Weergaven
34. Spel van Tegengestelden
35. Push Statements

2. Ter Inleiding
Effen het pad tot samenwerking met het 'subject'

Cold Reading gaat niet om een ingestudeerd script. Het bestaat uit tal van verschillende soorten verklaringen (en vragen) die meer significant of betekenisvol lijken dan ze werkelijk zijn.

We noemen elk type van verklaring een 'element'. Het cumulatieve effect van deze elementen is het creëren van de illusie dat een lezing van een paranormale of mystieke aard plaatsvindt.

Ik ga de 35 meest nuttige en productieve elementen beschrijven. Ze zijn ingedeeld in drie groepen:
- Over het karakter
- Over feiten en gebeurtenissen
- Over het uitpakken van informatie

Een aantal van de genoemde elementen in een groep had net zo goed opgenomen kunnen zijn in een andere groep.

Omtrent het karakter van het 'subject':

3. Startzinnetjes

Start zinnen, aangepast aan de situatie

Je hebt altijd al ...
Er zijn heel weinig mensen ...

Je hebt een manier ...
Je bent bereid om ...

Het is belangrijk voor je ..

Mijn gevoel is ... Je hebt ...
Als kind was je...

Je sterkste troef ...

Je zal ...
Ik zie ...
Ik heb het gevoel dat ...

Ik heb het gevoel dat ...
Op basis van uw energie ...

Je aura vertelt me ...
Het zou me niet verbazen als ...

Ik zie a. ..
Mijn intuïtie laat me denken ...

In je geest ...
Mijn persoonlijke gevoel is ...

Je geluksnummer ...

Je beschikt over ....
Je bent in staat om te overwinnen ...

Ik denk dat in deze wereld ...

Je bent in staat te voelen ...

Diep in je hart ...
Andere vrouwen zouden ...
Je zal aantrekken ...
U bent op zoek naar ...

Je zou gelukkig zijn ...

Mijn helderziende geest zegt me ...
Op basis van je verleden ...

De sleutel is ...

Ik geloof ...
Ik denk niet dat je bent ...

Je hebt ...
Iedereen kijkt naar je en ...

Iemand kan laten zien ...
Ten aanzien van paranormale vermogens ...

U bent ...
Hij (of zij) is niet van plan om ...

Mijn eerste indruk is ...

Ik zie dat je als ...
Voor zover het over uw toekomst gaat, ...
Ik betwijfel ten zeerste dat ...

Op vele manieren kun je ...
In een vorig leven was je ...

U bent altijd ...
Waarom krijg ik het beeld door ...

Je bent geworden ... In mijn gedachten ....
Metafysisch ben je ...

Uw vorige man ...

Je bent in staat van ...

Het lijkt erop dat ...
Ik weet het niet maar ...
Ik voel me niet ...
Als je volhardt ...
Mensen om je heen ...

Uw afbeelding ...
Je zult omringd worden door ...
Binnen de komende 12 maanden (6 maanden, enz.) ...
Binnen in u is er ...

Er lijkt te zijn ...
Het is een soort paradox dat ...

Je kunt niet ...

Je draagt ...

Je zou kunnen ...
Een heleboel andere mannen (of vrouwen) van uw leeftijd ...
Het duurt twee ...

Van plan om ...
Wees ervan bewust dat ...

Kijk uit voor ...
Je bent anders ...

U zult ...
Je hebt nog steeds ...
Je lijkt te zijn ...
Niemand zal u vertellen ...

U bent op zoek naar ...

4. Gebruik suikerklontjes

Suikerklontje verklaringen bieden de klant een prettige emotionele beloning. In het algemeen hebben Suikerklontjes betrekking op de bereidheid van de klant om de helderziende 'discipline' die betrokken is bij het lezen, te omarmen en te profiteren van de inzichten, die daardoor glorieus onthuld worden:
"Uw hart is goed, en u benadert mensen in een zeer warme en liefdevolle manier. De tarot heeft vaak meer aan gevoelens en intuïtie dan aan koude feiten, en je eigen sterke intuïtieve gevoel kan een reden zijn waarom de tarot vooral goed voor jou lijkt te werken. De indrukken die ik krijg zijn veel sterker

bij u dan vele andere klanten. "
Het is min of meer verplicht de cliënt te prijzen voor zijn "openheid van geest" en " het openstaan voor veel verschillende soorten van wijsheid ". Dit is net zo sluw als het verradelijk, want hoe meer de klant bereid is hierin te geloven, hoe gemakkelijker het is om (a) de client gelukkig weg te laten gaan en (b) de client voldoende informatie heeft gekregen om voor meer terug te komen.
Suikerklontjes kunnen ook worden gebruikt om de weerstand naar de Reading toe te verzwakken of een sceptische houding te verzachten. In deze gevallen zijn de Suikerklontjes gewijzigd om erop te wijzen wat een leuke, schattige persoon van de cliënt zou kunnen worden, als zij/hij maar minder sceptisch zou zijn. Het dan als volgt kunnen gaan:
"Ik voel dat je in de loop van de tijd zeer defensief bent geworden, bijna alsof je opgesloten bent in je eigen veilige kleine kasteel. Dat is jammer, want je blokkeert zelf op deze manier jouw deel van licht en liefde, dat jou van nature toebehoort. Er zijn echter wel aanwijzingen dat je een behoefte hebt om een bredere kijk op het leven aan te nemen, en dat je zelfs steeds meer open wilt staan voor nieuwe ideeën - zelfs als ze vreemd lijken op eerste gezicht. Weet je, het zal je geen kwaad doen als je je defensieve houding een beetje vermindert en een kijkje in de inzichten, die je geboden worden, neemt. Wie weet vind je misschien een paar van de antwoorden waarnaar u al langer op zoek bent! "
Dit is niet meer dan een emotionele klap in het gezicht (zij het zeer lief geleverd), de exploitatie van de natuurlijke menselijke wens om aanvaard en geliefd te worden. De Suiker

Klontjes kunnen ook benadrukken hoe negatief het is om bij twijfel vragen te stellen. Daarnaast kan de helderziende ook geneigd zijn te gooien met (kleine) wetenschappelijke feitjes voor extra effect. Het is allemaal goed voor de handel.

5. Gebruik 'Barnum Statements'

Deze Statements zijn kunstige algemene karakterverklaringen die door een meerderheid van de mensen, indien gevraagd, beschouwd worden als een redelijk nauwkeurige beschrijving van zichzelf. Hier volgt een selectie:

U wilt graag dat anderen u aardig vinden en bewonderen, maar voor uzelf bent u kritisch.

Hoewel uw persoonlijkheid enkele zwakheden vertoont, kunt u die doorgaans goed compenseren.

U hebt een aanzienlijk ongebruikt talent, dat u nog niet tot uw voordeel hebt ingezet.

Hoewel u discipline en beheersing uitstraalt, maakt u zich regelmatig zorgen en voelt u zich onzeker.

Soms twijfelt u er ernstig aan of u de juiste beslissing hebt genomen of het juiste heeft gedaan.

U verkiest een bepaalde hoeveelheid afwisseling, en wordt ontevreden wanneer u gehinderd wordt door restricties en beperkingen.

U bent er ook trots op een onafhankelijk denker te zijn en u aanvaardt geen beweringen van derden zonder bevredigend bewijs.

U hebt ontdekt dat het niet verstandig is uzelf tegenover anderen al te zeer bloot te geven.

oms bent u extravert, vriendelijk en gezellig in de omgang, terwijl u op andere momenten introvert, behoedzaam en gereserveerd bent.

Sommige van uw ambities zijn tamelijk onrealistisch.

Uw seksuele wensen hebben u al eens voor problemen gesteld. Hoewel u enkele zwakheden hebt in uw persoonlijkheid, kan u die doorgaans goed compenseren. U heeft een aanzienlijk ongebruikt talent dat u nog niet tot uw voordeel hebt gebruikt. U neigt tot zelfkritiek. U hebt het nodig dat andere mensen u graag zien en u bewonderen, maar toch blijft u kritisch voor uzelf.

Mensen rondom u hebben misbruik gemaakt van u. Uw grondige eerlijkheid heeft u al dwars gezet. U heeft heel wat gelegenheden die u in het verleden werden aangeboden laten liggen omdat u van niemand misbruik wilde maken. U leest graag boeken en artikels om uw kennis te verbeteren. Als u nog niet in een of andere persoonlijke dienstensector zit, dan zou u daarin moeten zitten. U heeft een grenzeloos talent voor het begrijpen van menselijke problemen en u kan met hen meevoelen. Maar u bent streng wanneer u geconfronteerd wordt met halsstarrigheid of algehele dwaasheid.

Ordehandhaving is een ander domein dat u begrijpt. Uw rechtvaardigheidsgevoel is bijzonder groot.

Sommige van uw ambities zijn niet geheel realistisch. Soms bent u extravert, vriendelijk, gezellig in de omgang, terwijl u op andere momenten introvert, behoedzaam en gereserveerd bent. U vindt het onverstandig om te openhartig te zijn over uzelf tegenover anderen. U bent er trots op een onafhankelijk denker te zijn en u aanvaardt andermans mening niet zonder bevredigend bewijs. U verkiest een bepaalde hoeveelheid afwisseling, en wordt ontevreden wanneer u gehinderd wordt door beperkingen. Soms twijfelt u er ernstig aan of u de juiste beslissing hebt genomen of het juiste heeft gedaan. Hoewel u discipline en beheersing uitstraalt, voelt u zich regelmatig zorgelijk en onzeker.

De naam is afgeleid van Barnum, een legendarische showman en circus-eigenaar, waarvan werd gezegd 'iets om iedereen te behagen' te scheppen. Barnum statements zijn het onderwerp geweest van een aantal studies uitgevoerd door psychologen. In een (Forer) studie kregen studenten (zo werd hen verteld) individuele astrologische lezingen, op basis van hun geboortedatum en sterrenbeelden. Hen werd vervolgens gevraagd om de nauwkeurigheid van het rapport. De grote meerderheid van de studenten beoordeelden hun rapport als zeer accuraat. Pas daarna werd bekend dat de 'persoonlijke rapporten' allemaal identiek waren.

6. **Barnum statements en 'forking'**

Het is mogelijk om meer uit de Barnum Verklaringen te halen door ze te combineren met een techniek genaamd 'forking'.

Neem een eenvoudige Barnum Verklaring, zoals deze:
"Je hebt de neiging om heel zelfkritisch te zijn."

Indien de opdrachtgever in grote lijnen in overeenstemming lijkt te zijn met deze verklaring, kan de helderziende een aanvullende verklaring ontwikkelen om zo het idee te versterken:
"Je hebt de neiging om teveel na te denken over fouten en tekortkomingen waarover andere mensen zich geen zorgen zouden maken. Je hebt de neiging om je eigen ergste vijand in dit opzicht te zijn, en deze zelf-kritische kant in je karakter heeft u vaker dan eens teruggehouden met het nemen van beslissingen"

Aan de andere kant, als de klant de Barnumverklaring lijkt af te wijzen, kan de helderziende een aanvullende verklaring ontwikkelen in de tegenovergestelde richting, zoals deze:
"Maar dat is een tendens die je geleerd hebt om te overwinnen, en tegenwoordig komt dat zelden nog op de voorgrond. Je hebt geleerd om jezelf te accepteren, en je te verzoenen met je eigen speciale mix van jouw eigenheid en vaardigheden. Je hebt geleerd hoe schadelijk het kan zijn om te zelfkritisch te zijn. Eerlijk gezegd is het bewonderingswaardig hoe u deze zelf-kritische fase heeft ingebed in uw leven"

Met andere woorden: is de Reader bereid om elke Barnumverklaring te volgen met een van de twee aanvullende verklaringen, hetzij om versterking van het oorspronkelijke idee of hetzij om deze verklaring te keren. Op deze manier kunt u gewone en eenvoudige Barnumverklaringen kneden als basis voor een aantal relatief verfijnde Reading.

7. Groener gras

Het 'groener gras' element is gebaseerd op het feit dat we allemaal een fascinatie houden voor de opties in het leven, die we niet hebben genomen.

Er zijn vele voorbeelden van deze fundamentele keuzes in het leven. Mensen die altijd hebben gewoond in drukke, stedelijke gebieden verlangen vaak naar wat zij zien als de vrede en de vrijheid van een meer rustieke manier van leven. Omgekeerd, diegenen die hun jaren op het platteland hebben doorgebracht zijn op z'n minst nieuwsgierig naar het gemak, comfort en (gerapporteerd) opwinding van het stadsleven. Enkelen van ons gaan door het leven gaan terwijl ze vermoeden dat het gras groener is aan de andere kant van het hek...

De kantoorbewoner, opgesloten in een vaste en nogal saaie routine, ontwikkelt vaak een verlangen naar meer variatie of een verhoogd tempo van verandering. Omgekeerd wil de

goed presterende jet-setter, die zelden twee dagen lang uitgaven doet in hetzelfde land, meer stabiliteit en wat respijt van luchthavens (en de luchtvaartmaatschappij voedsel), hotels en interlokale gesprekken.
En zo gaat het verder. Het leven is het maken van keuzes uit eindige oneindige opties, en ieder van ons is gevoelig voor het idee wat er zou zijn gebeurd als we hadden anders gekozen. Stel bijvoorbeeld dat de cliënt alle kenmerken van een succesvolle executive (uitvoerende) carrière lijkt te hebben. De helderziende zou kunnen zeggen in de trant van:
"Ik zie aanduidingen van materieel succes en professionele vooruitgang die een aanwinst voor u zijn, en die beantwoorden aan uw eigen drive en het vermogen om dingen gedaan te krijgen. U bent de soort persoon die resultaten levert, en dit kenmerk heeft zijn voordelen.

Het brengt echter ook minder leuke gevolgen met zich mee. Hoewel je dit niet perse openlijk laat blijken, meen ik gevoelens te bespeuren van een potentiëel verlangen naar een meer stabiele thuissituatie. Ik zal niet zo ver gaan om dit een ernstig probleem voor je te noemen, maar ik denk dat uw loyaliteit ten aanzien van je carrière niet altijd hetgene levert wat u terug verwacht.
Ik heb het gevoel dat je van tijd tot tijd merkt dat je overweegt om meer ruimte te nemen in je prive-situatie. Ik denk dat dit een gebied van conflict in je is, en ik voorzie dat u stappen zult ondernemen om dit probleem op te lossen binnen de komende 18 maanden of zo. "

Stel je nu voor een klant die komt overkomt als een tevreden huisvrouw, waarvan elk wakker uurtje draait rondom haar huis en gezin.

Hier is dezelfde 'groener gras' verklaring als voorheen, echter radicaal 180° op zijn kop gezet:

"Ik zie aanwijzingen sterke huiselijke instincten die gegroeid zijn, en die je een gevoel van veiligheid en stabiliteit hebben gegeven en die tevens een bron van grote kracht voor je zijn. Je verdient daarvoor dan ook de noodzakelijke bewondering voor je niet aflatende energie. Niet iedereen kan zo'n goede ondersteuning zijn in huiselijke sfeer, maar je kunt het en je bent daarvan de belichaming. Echter, de stabiliteit en het stimuleren van het gezinsleven heeft ook minder leuke kanten. Hoewel je dit niet perse openlijk laat blijken, meen ik gevoelens te bespeuren van een potentiëel verlangen naar naar meer carrièrelijnen, of op zijn minst in staat te kunnen zijn om expressie en vervulling te vinden buiten de vier muren van uw thuis. Ik zou niet zo ver willen gaan om te zeggen dat dit een ernstig probleem voor je is, maar ik denk dat jouw loyaliteit aan huis en gezin niet altijd hetgene levert wat je terug verwacht. Ik heb het gevoel dat je van tijd tot tijd overweegt en nadenkt over meer professionele of academische instincten. Ik denk dat dit een gebied van conflict in je is, en ik voorzie dat u stappen zult ondernemen om dit aan te pakken binnen de komende 18 maanden of zo. "

Je kunt zien dat dit precies hetzelfde is als voorheen, maar dan in de omgedraaide richting. Hoewel cliché riekt het naar echt helderziend inzicht en lijkt het gedestilleerde wijsheid van de Ouden.

8. Helderziend krediet

Helderziende krediet is een karakterverklaring die de klant een vorm van helderziende of intuïtieve gave toedicht, of op zijn minst een ontvankelijkheid voor anderen, die in het bezit van dergelijke gaven. Dit kan worden gezien als een zeer specifieke toepassing van fijne vleierij. Het is een zeer vaak voorkomende element, gevonden in alle soorten readings. Net als bij de fijne vleierij is het niet goed genoeg om gewoon vol lof over de klant te spreken en te hopen dat ze het leuk vindt. 'He, je bent ook paranormaal! " is niet de aanbevolen aanpak.

Hier is een voorbeeld, hoe het bij een tarotreading zou kunnen klinken:
"Deze kaart, de koning van staven, geeft over het algemeen indicatie voor een diepe perceptie of zelfs een helderziende vermogen. Natuurlijk hebben we allemaal deze gaven, maar ze variëren van persoon tot persoon. In
jouw geval is het de tweede kaart in de hogere triade, die is gewijd aan uw persoonlijk profiel. Dit suggereert dat u zeer sterke en levendige intuïtieve gaven hebt, en goede instincten, die u goed zullen dienen als je leert ze te vertrouwen. Aangezien u ook Acht van de Munten in ondersteuning van de dezelfde lijn heeft, zou ik zeggen dat u de beschikking heeft over een zeer fijne, bijna helderziende soort van inzicht als het gaat om het omgaan met de materiële goederen en financiële zaken. U kunt dat

waarnemen op een manier die niet iedereen kan. "

Het helderziend krediet is op grote schaal ingezet in veel verschillende lezingen. Het helderziend krediet gaat vaak vergezeld van kleine "bewijzen". Dit kan gaan als volgt:
"Er is een indicatie dat je een goed ontwikkelde helderziende geest hebt. Je bent waarschijnlijk het type persoon die zit na te denken over iemand die je lang niet hebt gehoord en vervolgens, uit niets, belt die persoon je op dat moment! "
Veel klanten kunnen bevestigen dat hen dit soort dingen is overkomen. Echter, zoals sceptici nooit moe om ons te vertellen, het is verre van het bewijs van paranormale intuïtie. Waarschijnlijk denken we regelmatig na over mensen die we kennen (en van wie we lange tijd niets hebben vernomen), en wellicht krijgt u zelfs veel telefoontjes. Meestal is er geen link en hoef je er niet twee keer over nadenken. Wanneer echter, door toeval, de persoon belt, die je in je gedachten had, lijkt dit zeer verrassend en herinnert u zich het incident.

Mannelijke en vrouwelijke helderziend krediet:
Er zijn vele soortgelijke anekdotische voorzieningen waardoor klanten vinden dat ze met paranormale gevoeligheid gezegend zijn.

Hier volgt een tamelijk voorkomende die wordt aangeboden aan vrouwelijke cliënten:
"U hebt waarschijnlijk aangeboren paranormale gevoeligheid waarmee u regelmatig op praktische wijze te maken krijgt. Het soort aanvoelen waardoor je voelt dat je je gezicht moet opmaken en uw make-up er perfect moet uitzien, zonder

reden, en dan opeens is er iemand aan de deur en het blijkt iemand te zijn waardoor je blij bent dat je je net hebt opgetut. "

Voor mannelijke cliënten mag het helderziend krediet worden uitgedrukt in een iets andere vorm. Nameliijk de vorm, die het typische mannelijke ego triggert:
"We hebben allemaal een helderziende scherpzinnigheid en natuurlijk geldt dit ook voor u. Ondanks dat u heel erg aards en pragmatisch bent. Gek is al gek genoeg. Je bent zeer slim in je omgang met mensen. Je kunt mensen heel goed lezen, alsof een soort zesde zintuig dat in u zit, meer in u ontwikkeld dan bij de meeste mensen. Je zou een zeer goede zakenman of onderhandelaar kunnen zijn. Je intuïtieve kant benutten, betekent dat je veel beter zou kunnen redeneren met vrouwen dan veel mannen, en dit is een eigenschap die, al weet je dat misschien niet, een hoop vrouwen erg aantrekkelijk vinden. "

Het helderziend krediet is een zeer betrouwbaar element. Het heeft het voor de hand liggende extra voordeel dat het geloofssysteem betreffende helderziendheid erdoor ondersteund wordt.

9. Gebruik Regenboogverklaringen

De regenboogverklaring is een verklaring die de cliënt zowel een persoonlijkheidskenmerk als haar tegendeel toedichten. Hier is een voorbeeld:
"Je kan een zeer attente persoon voor anderen zijn , maar er zijn tijden, als je eerlijk bent, dat je een egoïstische inslag in

jezelf herkent. "
In dit geval wordt de cliënt verteld dat ze zowel onzelfzuchtig als egoïstisch is. Er zijn talloze variaties op deze manier – het wordt zowel introvert als extravert, verlegen en vol vertrouwen, verantwoord en onverantwoord. Het omvat alle mogelijkheden van het ene uiterste tot het andere, net als een regenboog alle kleuren omvat.

De regenboogverklaring is een veel voorkomend element in de Cold Reading. Het klinkt goed, lijkt scherpzinnig, en wint een goede respons van de meeste klanten. Hier is een ander voorbeeld:

"Ik zou zeggen dat u over het geheel eerder een rustige, uiterst bescheiden type bent, maar als de omstandigheden gunstig zijn, kunt u, indien de stemming in u overslaat, heel het leven en de ziel van de partij zijn. "

Dit soort uitspraken zijn niet moeilijk te maken. In de eerste plaats denkt de reader aan een gemeenschappelijk persoonlijkheidskenmerk. Vervolgens beschrijft ze de client zowel met als te weinig van deze kwaliteit. Uiteindelijk voegt ze de twee helften in een overzicht met een eventuele verwijzing naar de tijd, context, stemmings-of potentieel. Het bovenstaande voorbeeld maakt gebruik van de link "wanneer de omstandigheden goed zijn." Andere goede links zijn "in andere tijden" en "maar je hebt ook de mogelijkheid om ...".

Maar dit eenvoudige en doeltreffende element biedt ook veel ruimte voor wat subtiele humor die gericht is op typisch menselijke tekortkomingen. Hier is een voorbeeld:

"Er is een inherente capaciteit aanwezig voor orde en netheid, dat is uw verdienste, maar tegelijkertijd kan ik zien dat een

deze capaciteit niet altijd de overhand, en je kan in sommige omstandigheden - mmm, hoe zal ik het dit subtiel zeggen - een beetje verlaten lijken door dit instinct "?!
Regenboogverklaringen zijn heerlijk veilig, aangezien de meerderheid van persoonlijkheidskenmerken noch statisch noch kwantificeerbaar zijn. Er zijn zeer weinig mensen introvert of extravert de hele tijd. In de meesten van ons manifesteren zich beide tendensen van tijd tot tijd aan de hand van de omstandigheden. Er is geen objectieve manier om te beoordelen waar men op de schaalverdeling ligt tussen de uitersten van de uitgaande / introvert gedrag.

Het vermijden van de kwantificeerbare
Het ontbreken van een kwantificeerbare weerlegging is een belangrijk aspect van de regnboogverklaring. Dit type verklaring werkt niet echt goed bij het omgaan met meetbare kenmerken.

Om te zien wat ik bedoel: stel je voor dat in de loop van een een lezing loopbaanvraagstukken worden aangeraakt. Men kan besluiten om commentaar te leveren op faciliteiten van de cliënt met betrekking tot computers en nieuwe technologie:
"Er zijn aanwijzingen hier dat je in harmonie met de moderne wereld leeft en dat nieuwe technologische ontwikkelingen – computers, het internet en dergelijke - voor jou geen geheim zijn. Echter, soms heb je dit gebied nogal ontmoedigend gevonden. Net als veel mensen verbijstert het technologische gebied je af en toe."

Voorgaande is een perfecte regenboogverklaring in termen van structuur, maar het is gebrekkig. De behandelde eigenschap is kwantificeerbaar en dus vatbaar voor feitelijke weerlegging.

De klant zou kunnen antwoorden:
"Eigenlijk werk ik de laatste vijftien jaar op de data-afdeling en lees ik veel over opkomende technologieën in mijn vrije tijd. Ik heb dit eigenlijk nog nooit in het minst intimiderend gevonden. "

Deze kennelijke fout hoeft geen invloed te hebben op de helderziende, aangezien er vele manieren om zich eruit te praten bestaan. Toch geeft dit onwaarschijnlijk voorbeeld aan waarom de regenboogverklaring meestal wordt toegepast op minder kwantificeerbare kenmerken. Het illustreert ook de noodzaak om helderziende lezingen te geven in termen van potentie en capaciteit, in plaats van actualiteit en feiten.

10. Gebruik je eigen voorraad zinnen

(naar gelang de situatie) in de juiste vaktaal. Een goede ondergrond zijn de vele boeken over de diverse onderwerpen, die als cursusmateriaal worden gebruikt.

Voorbeelden:

Astrologisch

Mercurius, de Planeet van het Intellect, adviseert je de volgende logische stap te doen.

Kristal Lezen

Ik zie een ondergaande zon: de tijd loopt af.

11. Fijne vleierij

Fijne vleierij verklaringen zijn bedoeld om de cliënt op een subtiele manier tot een akkoord te winnen. Meestal gaat de formule op dat de cliënt wordt vergeleken met "mensen in het algemeen" of "de meeste van degenen om je heen", en vervolgens wordt de client een kleine maar significante verbetering ten opzichte van hen toegedicht. Bekijk dit slechte voorbeeld:
"Je bent heerlijk eerlijk!"
Dit is zeker vleiend, en het kan zelfs zo zijn, maar het is een zeer slechte vorm van Cold Reading. Het eerste probleem is dat het eruit ziet en klinkt als pure vleierij, want dat is alles wat het is. De meeste mensen ontwikkelen wantrouwen bij dit soort schaamteloze vleierij en werpen de Reading vervolgens van de hand. Ten tweede ontbreekt enige relevantie voor het helderziende systeem dat – in theorie - wordt gebruikt. Ten derde laat het de verwijzing naar andere mensen links liggen. Het klinkt saai en het draagt geen groot inzicht.

Dezelfde verklaring kan gemakkelijk worden omgezet in een succesvolle reading met mooie vleierij. Stel dat aan de helderziende een horloge is gegeven dat toebehoort aan iemand, en hierover een psychometrische reading wordt

gegeven. Het als volgt kunnen gaan:
"Wat ik hier voel is dat de eigenaar hiervan iemand is
die in het algemeen kan worden vertrouwd. Ik zou zeggen dat
deze persoon dat beetje meer eerlijk en gewetensvoller is dan
veel mensen. Niet een heilige, niet perfect, maar laten we
zeggen dat wanneer het echt belangrijk is, is dit iemand die
het belang van betrouwbaar zijn begrijpt. Ik voel een energie,
die suggereert deze persoon goede waarden heeft , waaraan
die hij probeert te voldoen al moet gezegd worden dat hij
hierin misschien niet altijd zal slagen. "
Dit spel omvat "Je bent eigenlijk eerlijk". Echter, het klinkt
alsof de helderziende de natuur, vol inzicht, en een
scherpzinnige verklaring over een specifiek individu heeft.
Eerlijkheid is een goede eigenschap om te gebruiken als basis
voor het fijne vleierij element, aangezien het overgrote deel
van de mensen zijn geneigd over zichzelf als eerlijk te denken.
Verscheidene andere persoonlijkheidstrekken kunnen
worden gebruikt op dezelfde manier. Onder meer
betrouwbaar zijnde elementen:
- Als hardwerkend en toegewijd
- Gewetensvol
- Fair
- Warm en liefdevol
- Onafhankelijk
Ik moet een speciale vermelding geven voor twee kenmerken
van fijne vleierij, die goudstof zijn. Ze werken altijd,
imponeren, en kunnen een magere lezing een lange weg
dragen. Ik heb geleerd om ze in reserve te houden om net als
nood-parachutes te kunnen gebruiken. Hier zijn ze:
- U bent wijs in de wegen van de wereld; deze wijsheid heeft u

opgedaan door middel van harde ervaring in plaats van het uit een boek geleerd te hebben.
- Weten hoe je een goede vriend kunt zijn;

Stel dat het medium is, en ze beweert dat de ontvangen berichten van een overleden familielid zijn, en dat de fijne vleierij is gebaseerd op 'Jij bent wijs ". Dan kan het klinken als volgt:
"... Ik heb uw overleden zus nu bij me. Ze vertelt me dat ze wil dat je weet dat ze je altijd bewonderd heeft, zelfs als ze niet dat niet altijd even goed wist uit te drukken. Ze vertelt me dat je ... wacht, het komt door ... ja, ik zie... ze zegt dat je in veel opzichten slimmer of scherpzinniger bent dan mensen misschien denken. Zegt ze ze vond jou altijd een heel wijs persoon, niet noodzakelijkerwijs uit boeken en door examens. Ze vertelt me dat ze bedoelt wijs in de wegen van de wereld, en op manieren wat niet gezegd worden van iedereen. Ze lacht een beetje nu, omdat ze zegt dat je deze wijsheid op ruwe wijze hebt geleerd! Ze zegt dat je intelligent genoeg bent om zien dat wijsheid komt in vele vormen. "

12. Homerische Vergelijkingen

Een **homerische vergelijking** is een uitgebreide vergelijking, volgens het schema "zoals *bijzin over datgene waarmee vergeleken wordt,* zo *hoofdzin over dat wat vergeleken wordt*". De homerische vergelijking dankt haar naam aan Homerus, de dichter van de Ilias en de Odyssee, waarin dit type vergelijking veel voorkomt.

Meer algemeen is een homerische vergelijking ook een breedsprakige vergelijking, waarbij de schrijver zo opgaat in het vergelijken, dat hij dingen noemt die geen verwantschap meer hebben met het beeld.

Voorbeelden:

- Zoals in de bergen een havik,
  vlugger vliegt dan al wat er vliegt, op een schichtige duif komt gestreken
  — deze wiekt zijdelings weg, maar de havik, telkens weer stotend,
  schiet en schiet op haar af met snerpende kreten: zijn vraatzucht spoort hem tot grijpen — zo snelde toen ook Achilles naar voren,
  vol van begeerte.

  (Homerus, vertaling: A. Timmerman)

- Hij ontstak in gramschap, heftig als die van
  een Amsterdammer aan een autostuur,
  die, rijdend door rood licht, komende van links,
  moet wijken voor een ander, die van rechts
  door groenlicht nadert, o het schrijnend onrecht
  hoe een tweewerf gepriviligeerde
  een eerlijk man belaagt... Zo was zijn toorn.

  (L.Th. Lehmann, uit Toeschouw)

- Was zo de zee? Neen, neen, een stad geleek
  ze, pleinen en straten in de kermisweek,
  boerinne' en boeren, en muziek en dans
  in de herbergen en in lichte krans
  om elke markt de snuisterijenkramen.
  Of als een koning komt en alle ramen

zijn licht des avonds en uit ieder dak
een witte vlag. Zo was de zee. Er stak
een vlag van alle gevels, achter 't raam
der golven brandden rijen lichten, saam
liep heel het volk ..."

(Herman Gorter, uit *Mei*)

13. Vergelijkingen met dieren

Dieren staan vaak bekend om bepaalde eigenschappen. Een mens vergelijken met de excellente eigenschappen van een dier behoort zodoende tot een verbeeldende mogelijkheid:

Aap/ Intelligentie, aanpassingsvermogen, flexibiliteit.

Aardworm/doelgericht,slim

Arend /Vrijheid, kracht, verbondenheid met de kosmos.

Alligator/ Kracht om te overleven.

Antilope /Snelheid, schoonheid, onschuld.

Beer/ Bescherming, kracht, zelfkennis, betrouwbaar.

Bever/ Samenwerking, bouwen, hard werken.

Bij/ Organiseren, samenwerking.

Buffel/ Kalmte, overvloed.

Cavia/ Warmte, liefde, zachtheid.

Condor/ Vrijheid, kracht.

Cyote/ Wijsheid, balans.

Das /Slimheid, structuur. onafhankelijkheid.

Dolfijn /Vrolijkheid, levenskracht, nieuwsgierigheid, communicatie.

Duif /Vrede, vruchtbaarheid, liefde.

Draak/ Rijkdom, wijsheid, kracht.

Duizendpoot /Flexibiliteit, weet van alles.

Eekhoorn/ Speelsheid, sociaal gevoel, vertrouwen, energie.

Eland/ Uithoudingsvermogen, trots, overleving.

Gans /Teamgeest, reizen.

Geit /Doorzettingsvermogen, kracht, flexibel.

Gordeldier/ Bescherming en veiligheid.

Hagedis/ Kalmte, veiligheid, loslaten.

Havik/ Bescherming, kracht, veiligheid, concentratie.

Hert/ Onschuld, vriendelijkheid, zachtheid, schoonheid.

Hond /Trouw, volgzaamheid, bescherming.

Jaguar /Snelheid, wijsheid, kracht, moed.

Kalkoen/ Delen, overvloed.

Kat/ Individualiteit, onafhankelijkheid.

Kever/ Veiligheid.

Kikker /Transformatie, plezier, vrede.

Koe /Rijkdom, vruchtbaarheid, betrouwbaarheid.

Koekoek/ Waakzaam, snel.

Kolibrie/ Geluk, schoonheid, overbrenger van boodschappen.

Konijn/ Vertrouwen, moedergevoel, vruchtbaarheid, verzorging.

Kraai/ Wijsheid, raadgevend.

Krokodil /Overleving, kracht.
Lam/ Onschuld.
Libelle/ Alertheid.
Lieveheersbeestje /Plezier.
Leeuw /Trots, wilskracht, leiding.
Luipaard/ Waakzaam, scherp.
Mier/ Netjes, ijverig, samenwerking.
Muis/ Vertrouwen, onschuldig.
Olifant /Oerkracht, groots, vertrouwen, moeder.
Ooievaar/ Nieuw leven.
Paard /Vrijheid, kracht, stabiliteit.
Panda /Liefde, bescherming, warmte.
Panter/ Spieren, kracht, moed.
Pauw /Schoonheid, trots, zelfvertrouwen.
Raaf/ Dromen, magisch.
Ram /Roekeloos, kracht.
Rat /Succes, intelligent, onrustig.
Schaap /Rust, voeding, warmte.
Schildpad /Liefde, gezondheid, bescherming.
Schorpioen /Gevaar, zelfbescherming.
Slang /Transformatie, wijsheid, kracht, genezing.
Specht /Doorzettingsvermogen, ritme.
Spin/ Ijverig, creativiteit, talent, verbinding.
Tijger /Kracht, moed, schoonheid.

Uil/ Kennis, wijsheid.

Vis /Rijk, vruchtbaar.

Vleermuis/ Gezond, Intuitie, welzijn, inzicht, oud.

Vlinder/ Verandering, ziel, schoonheid.

Vos /Onzichtbaar, sluw.

Walvis /Creativiteit, familie, intuitie, inspirerend

Wolf /Wijsheid, rituelen, bescherming, loyaliteit.

Zwaan/ Schoonheid.

14. Onderlinge vergelijkingen

Als u beschikt over de mogelijkgheid om uw client te vergelijken met iemand anders (die uw client kent) of wellicht dat meerdere mensen voor u staan, die elkaar kennen, dan is het mogelijk om de (karakter)eigenschappen van deze mensen met elkaar te vergelijken:

U komt eigenlijk aardiger over dan de mevrouw naast u; hetgeen natuurlijk niet wil zeggen, dat u (u richt zich tot de andere mevrouw) een slechtere aard hebt; u bent van nature hardergeworden dan uw vriendin, en door die eigenschap heeft u het altijd weten te redden in het leven.

15. Gebruik van stijlfiguren

Een **stijlfiguur** is in de taal een bewust afwijking van de taalconventies, toegepast met het doel bij de lezer of luisteraar een bepaald effect te bereiken. Zoekt u maar eens op welke taalmogelijkheden u hier geboden worden.

16. Karakter Competenties

Competenties op het gebied van kennis en wijsheid

1. Creatief

2. Belangstellend/nieuwsgierig

3. Leergierig

4. Nadenkend

5. Wijs

Competenties op gebied van pit en vastbeslotenheid

6. Doortastend

7. Moedig

8. Integer

9. Enthousiast

Competenties op gebied van rechtvaardigheid

10. Rechtschapen

11. Leider

12. Teamspeler

Competenties op het gebied van menselijkheid

13. Liefdevol en in staat liefde ontvangen

14. Vriendelijk

15. Sociaal vaardig

Competenties op het gebied van gematigdheid

16. Vergevingsgezind

17. Bescheiden

18. Beheerst

19. Bedachtzaam

Competenties op het gebied van transcendent ie (boven jezelf uitstijgen).

20. Waardering voor schoonheid

21. Humoristisch

22. Godsdienstig/spiritueel

23. Hoopvol

24. Dankbaar

1. Creatief

Je bent in staat nieuwe manieren te bedenken om dingen voor elkaar te krijgen. Dit kan natuurlijk bij artistieke vormen van expressie, zoals tekenen, dansen of muziek maken, maar deze eigenschap is veel breder. De traditionele manier van aanpak volg je niet klakkeloos, maar je bent vindingrijk genoeg om het op een andere manier aan te pakken en op die manier ook je doel te bereiken. Deze goede eigenschap kan ook beschreven worden als boerenslimheid of praktische intelligentie.

Als je meer wilt doen met deze eigenschap, kun je misschien:

- een cursus doen op het gebied van fotografie, beeldhouwen, schilderen, naaien of bloemschikken
- een voorwerp in je huis kiezen en dat op een nieuwe manier gebruiken – en maak het jezelf niet gemakkelijk, dus bijvoorbeeld niet een glas als kleine vaas gebruiken
- zend een vriend een kaartje met een zelfgeschreven gedicht.

2. Belangstellend/nieuwsgierig

Je staat altijd open voor nieuwe ervaringen, vindt het geweldig andere mensen te leren kennen en wilt weten hoe alles werkt. Je kunt nog elke dag leren. Maarten Asscher schrijft terecht in zijn Betekenissen van een nieuwsgierig mens dat een nieuwsgierige instelling het 'dagelijks leven mooier of juist onrustbarender, maar in elk geval interessanter' kan maken.

Als je meer wilt doen met deze eigenschap, kun je misschien:

- naar een lezing gaan over een onderwerp waar je niets van weet
- een restaurant bezoeken met een keuken die je niet kent
- probeer een plek te vinden in je woonplaats en daar de geschiedenis van te ontdekken.

3. Leergierig

Een leven lang leren, is een van de motto's waarmee de overheid probeert te stimuleren dat mensen met hun tijd meegaan en niet achterblijven door verouderde kennis en vaardigheden.

Een dergelijke stok achter de deur heb jij echter niet nodig. Leren is een tweede natuur en dat doe je met veel plezier. Je ontwikkelt je tot expert op diverse gebieden, niet alleen omdat dat voor je werk noodzakelijk is, maar gewoon omdat het jezelf boeit.

Als je meer wilt doen met deze eigenschap, kun je misschien:

• een opleiding volgen waarbij je behalve de verplichte literatuur ook de aanbevolen werken eens doorneemt

• elke dag een nieuw woord leren en dat ook gaan gebruiken

• een non-fictie boek lezen.

4. Nadenkend

Eerst schieten, dan vragen. Dit motto is je vreemd. In plaats daarvan sta je bekend als iemand met een afgewogen oordeel. Je bekijkt de zaak van alle kanten, trekt geen overhaaste conclusies en bent ruimdenkend. Je bent geen zwartdenker. Je hebt nauw contact met de realiteit van het leven. Je laat je kijk op de wereld niet te veel inkleuren door je eigen behoeften. Mensen weten goed wat ze aan je hebben. Als je meer wilt doen met deze eigenschap, kun je misschien:

• elke dag nadenken over een vaste overtuiging van jezelf om na te gaan of je het misschien niet verkeerd hebt

- een krant of tijdschrift lezen met een kijk op de wereld die je niet deelt
- in een gesprek advocaat van de duivel spelen en een stelling betrekken waar je niet helemaal achter staat.

5. Wijs

'Als ik oud en wijs ben, zullen bittere woorden weinig voor mij betekenen', klonk het lang geleden in het liedje van Alan Parsons. Misschien had hij gelijk, want wijsheid is het vermogen hoofd- en bijzaken in perspectief te blijven zien. Je windt je daarom niet op over kleine tegenslagen en raakt niet verdwaald in de wirwar van het leven. Je houdt voor ogen wat er voor jou het meest toe doet en je bent in staat ook anderen te helpen bij het vinden van richting en betekenis.

Als je meer wilt doen met deze eigenschap, kun je misschien:

- denken aan de wijste persoon die je kent en een dag proberen keuzes te maken zoals hij of zij dat zou doen
- alleen advies geven, wanneer je daar om wordt gevraagd, en dat dan zo zorgvuldig mogelijk doen
- proberen een conflict tussen twee vrienden, familieleden of collega's op te lossen.

6. Doortastend

Doorzettingsvermogen, ijver en vlijt zijn andere woorden om deze eigenschap aan te duiden. Ook lastige projecten weet je doorgaans tot een goed einde te brengen, zonder onderweg veel te klagen of je humeur te verliezen. Als je iets toezegt, dan maak je het ook waar, en soms doe je er zelfs een schepje bovenop. Je verlies jezelf echter niet in een soort dwangmatigheid. Je blijft flexibel, vergt niet het onmogelijk van jezelf en maakt het jezelf niet moeilijk met nutteloos perfectionisme.

Als je meer wilt doen met deze eigenschap, kun je misschien:

• een lijstje maken van dingen die je nog wilt doen; en werk er elke dag een van af

• een belangrijke taak voor de deadline afronden

• ervoor zorgen dat je een paar uur achter elkaar ongestoord kunt doorwerken, door de telefoon en stoorzenders te ontlopen.

7. Moedig

Een moeilijke situatie ga je niet uit de weg. Als geweld dreigt, neem jij het voor het slachtoffer op. Ook ga je de confrontatie met je baas aan, wanneer bijvoorbeeld al het personeel structureel te weinig reiskostenvergoeding krijgt. Voor kleine veranderingen in je leven draai je je hand niet om en grote veranderingen ga je niet uit de weg. Misschien zoek je dit soort spannende situaties zelfs op omdat je de uitdaging in je leven nodig hebt.

Als je meer wilt doen met deze eigenschap, kun je misschien:

• een onpopulair idee verdedigen in een groep

• bij de autoriteiten protesteren tegen overduidelijk onrecht

• iets ondernemen wat je normaal niet zou durven.

8. Integer

Eerlijkheid en authenticiteit zijn belangrijke kernwaarden voor je. Je komt beloften na, vertelt de waarheid en voegt de daad bij het woord. Je blaast niet hoog van de toren, bent niet uit op effectbejag en hebt een praktisch levensinstelling.

Als je meer wilt doen met deze eigenschap, kun je misschien:

- afzien van leugentjes om bestwil, zoals het geven van complimenten die je niet echt meent
- nadenken wat jouw belangrijkste normen en waarden zijn en elke dag iets doen wat daarmee in overeenstemming is
- je eigen motieven in een oprechte en eerlijke manier toelichten.

9. Enthousiast

Je hebt een blij gemoed en je geeft je met huid en haar over aan de activiteiten van de dag. De passie die je investeert in je projecten is aanstekelijk en zelf kijk je bij het opstaan al uit naar wat de dag je zal brengen.

Als je meer wilt doen met deze eigenschap, kun je misschien:

- minimaal een week lang zo vroeg naar bed gaan dat je geen wekker nodig hebt en dan de dag beginnen met een gezond en voedzaam ontbijt

- de vraag 'waarom niet?' drie keer zo vaak gebruiken dan de vraag 'waarom'
- elke dag iets ondernemen waar je zelf zin in hebt, en niet alleen dingen doen die moeten.

10. Rechtschapen

Persoonlijke gevoelens van sympathie of afkeer zijn niet leidend in de keuzes die je maakt ten opzichte van andere mensen. Iedereen krijgt een eerlijke kans en je gedrag komt voort uit duidelijke regels over goed en kwaad. Je bent bezorgd over het welzijn van anderen en bent in staat over vooroordelen heen te kijken. Als je meer wilt doen met deze eigenschap, kun je misschien:

- elke dag minimaal een fout die je hebt gemaakt toegeven en daar de verantwoordelijkheid voor nemen
- elke dag minimaal een keer je waardering uitspreken voor een goede actie van iemand die je niet echt aardig vindt
- naar mensen luisteren zonder hen te onderbreken.

11. Leider

Je bent in staat activiteiten met een groep zo te plannen en te organiseren dat daadwerkelijk iets van de grond komt. Daarbij heiligt het doel niet alle middelen. Het welzijn van alle groepsleden gaat je aan het hart en je onderhoudt prettige relaties met allen. De contacten met mensen buiten de eigen groep verlopen prettig.

Als je meer wilt doen met deze eigenschap, kun je misschien:

- een leuke bijeenkomst organiseren voor je vrienden
- een onplezierig karweitje klaren op je werk
- je uiterste best doen om een nieuwkomer in de groep zich welkom te laten voelen.

12. Teamspeler

Wanneer je alleen op een doel afloopt, dan wil je niet zelf scoren, maar leg je de bal af op een medespeler als dat de kans op een doelpunt vergroot. Je bekijkt de gang van zaken vanuit het perspectief van de groep en je kiest waar mogelijk voor oplossingen waar iedereen beter van wordt. Je beschikt met andere woorden over gemeenschapszin en loyaliteit. Je legt je neer bij groepsbeslissingen, maar niet op een automatische manier. Je brengt wel het respect op voor deredelijke keuzes van leidinggevenden.

Als je meer wilt doen met deze eigenschap, kun je misschien:

- elke dag vijf minuten besteden aan het oprapen van zwerfvuil langs de weg
- vrijwilliger worden bij een goed doel
- proberen het ideale groepslid te zijn in een project op je werk.

13. Liefdevol en in staat liefde te ontvangen

Je hebt diepe en langdurige persoonlijke verbintenissen met andere mensen. De liefde die je geeft, wordt ook nog vaak beantwoord. Want in de liefde is kunnen ontvangen even belangrijk als kunnen geven. Jullie geven elkaar de ruimte en de vrijheid om jezelf te kunnen zijn.

Als je meer wilt doen met deze eigenschap, kun je misschien:

• een compliment accepteren zonder tegensputteren – zeg gewoon dankjewel

• een brief schrijven aan iemand van wie je houdt en hem ergens achterlaten waar die

gedurende de dag wordt gevonden

• iets met je beste vriend ondernemen wat hij of zij echt leuk vindt.

14. Vriendelijk

'Het is heel aardig om belangrijk te zijn, maar het is veel belangrijker om aardig te zijn.' Dit motto is je op het lijf geschreven. Je bent gul en vriendelijk. De belangen van de anderen wegen even zwaar als die van jezelf en je bent nooit te beroerd een extra stapje te zetten, wanneer je daar een ander een plezier mee kunt doen. De vriendelijkheid strekt zich niet alleen uit tot de naaste familie, maar ook tot vrienden, bekenden en zelfs toevallige voorbijgangers op straat. Wanneer een oude mevrouw een paar muntjes laat vallen, raap jij ze snel oor haar op. Je kan je goed in anderen inleven en je hebt sympathie voor de meeste beweegredenen.

Als je meer wilt doen met deze eigenschap, kun je misschien:

• iemand in een ziekenhuis of verzorgingshuis bezoeken

• als automobilist voorrang geven aan een voetganger

- iemand anoniem een plezier doen.

15. Sociaal vaardig

De radar voor wat er in anderen omgaat, staat goed afgesteld en in de omgang met anderen kom je daardoor niet vaak voor verrassingen te staan. Je begrijpt waarom mensen iets doen, wat hun stemming van het moment is, en weet deze informatie te gebruiken om het contact met anderen prettig te laten verlopen. Deze sociale intelligentie is nauw verweven met emotionele intelligentie, de vaardigheid om de eigen gevoelens constructief te gebruiken in je leven. Je bent daardoor in staat in uiteenlopende omstandigheden een prettige omgeving voor jezelf te scheppen.

Als je meer wilt doen met deze eigenschap, kun je misschien:

- proberen iemand op zijn gemak te stellen

- een complimentje geven, wanneer je merkt dat je vrienden of familieleden iets doen dat moeilijk voor hen is

- proberen te begrijpen waarom iemand zo vervelend doet, in plaats van hem of haar terugpakken.

16. Vergevingsgezind

Genade is voor jou belangrijker dan wraak en daarom geef je mensen graag een tweede kans. Ook met mensen die je niet aardig vindt, leef je mee. Je beschikt over voldoende mededogen.

Deze eigenschap is niet alleen prettig voor mensen die vergeven worden, maar ook voor jezelf. Door je positieve grondhouding blijven meer relaties in tact. Je positieve houding wordt vaak door anderen gekopieerd en zij zijn daardoor vriendelijker en zullen je minder snel ontlopen. Als je meer wilt doen met deze eigenschap, kun je misschien:

- elke dag terugdenken aan oud zeer en dit daarna loslaten
- de wijste zijn en niemand vertellen wat je voelt, wanneer iemand je heeft geïrriteerd
- schrijf een brief waarin je schrijft dat je iemand vergeeft, maar verstuur die brief NIET – lees de brief in plaats daarvan elke dag aan jezelf voor.

17. Bescheiden

Als persoon plaats je jezelf niet op de voorgrond, omdat je eerder geneigd bent de dingen die je hebt gedaan voor zich te laten spreken. Je maakt geen aanspraak op een speciale status en je vindt jezelf heel gewoon. Je bescheidenheid helpt je tegenslagen, successen en persoonlijke wensen te relativeren. Je blijft niet verslagen liggen na een nederlaag en gaat niet naast je schoenen lopen van succes. Je bescheidenheid maakt dat je ego je niet in de weg zit, maar draagt ertoe bij dat om de zaken handig en praktisch te regelen.

Als je meer wilt doen met deze eigenschap, kun je misschien:

- een hele dag niet over jezelf praten
- kleding aantrekken die geen aandacht trekt
- aan iets denken dat een vriend veel beter kan dan jij en hem daarmee complimenteren.

18. Beheerst

Impulsief je eigen glazen ingooien, doe je niet vaak. Je hebt veel controle over je eigen gedrag en slaagt erin wensen, behoeften en driften in de hand te houden als de situatie erom vraagt. Je weet niet alleen wat het juiste is om te doen, je handelt er ook naar. Je verstandige gedrag zorgt voor een gezonde manier van leven. Bij tegenslag slaag je erin je emoties goed te reguleren.

Het negatieve krijgt niet de overhand en je weet snel ook weer positieve gevoelens te hervinden.

Als je meer wilt doen met deze eigenschap, kun je misschien:

- een trainingsschema opstellen voor de komende week en je daaraan houden

- niet roddelen en ook niets gemeens over iemand zeggen

- tot 10 tellen als je je zelfbeheersing dreigt te verliezen en tot 10 tellen, wanneer je vreest dat het opnieuw zal gebeuren.

19. Bedachtzaam

Zorgvuldigheid is een tweede natuur voor je. Je flapt er geen dingen uit waar je later spijt van hebt, en je neemt pas een beslissing als je alle mogelijkheden grondig hebt afgewogen. Je laat je niet snel afleiden en bent daardoor in staat doelen op de lange termijn te bewaken en te verwerkelijken. Of om het in vijf woorden samen te vatten: je bent verstandig en behoedzaam.

Als je meer wilt doen met deze eigenschap, kun je misschien:

- vijf kilometer onder de maximumsnelheid rijden
- jezelf afvragen of de snack die je wilt nemen het overgewicht waard is
- twee keer nadenken voordat je iets anders zegt dan dankjewel of alsjeblieft

20. Waardering voor schoonheid

Of het nu gaat om kleine alledaagse dingen, kunst, wetenschap of natuur, maakt niet veel uit. Je bent in staat schoonheid op te merken en te waarderen. Een uitzonderlijke sportprestatie, een vriendelijk gebaar of een bruid in het wit, kunnen bij u tranen van ontroering oproepen. En de schoonheid is niet alleen iets om van een afstandje te beschouwen. Je bent in staat de zon in het water te zien schijnen. Je maakt je deelgenoot van het goede en dat geeft jezelf ook even iets verhevens.

Als je meer wilt doen met deze eigenschap, kun je misschien:

- een onbekend museum of een onbekende galerie bezoeken
- een schoonheidsdagboek bijhouden, waarin je elke dag opschrijft wat het mooiste is wat je die dag hebt gezien
- elke dag even stilstaan bij de schoonheid van je omgeving, de zon die in het water spiegelt, een fiere boom in het park of de vorm van de wolken.

21. Godsdienstig/spiritueel

Het vertrouwen in het hoger doel of in God geeft je het gevoel dat je je plaats in het leven kent.

Je weet welke rol je speelt in het grote geheel, en hebt een duidelijk filosofie over het leven. De Amerikaanse psycholoog Martin Seligman merkt daarbij op dat deze overtuigingen zowel een seculier als regulier karakter kan hebben, maar de vragen waarmee dit kenmerk zijn gemeten zijn mogelijk voor een Nederlands publiek iets te veel op een reguliere godsdienst gericht. Een van je krachten is dat je in staat bent jezelf te verbinden met een doel dat groter is dan jezelf.

Als je meer wilt doen met deze eigenschap, kun je misschien:

- elke dag even stilstaan bij het doel dat je hebt met je leven
- elke dag beginnen met een gebed of meditatie
- een religieuze dienst bijwonen van een geloof dat het jouwe niet is.

22. Humoristisch

Humor kan een bijtend kwaad zijn, maar in jouw handen is het een kracht die mensen samenbrengt. Je maakt mensen aan het lachen en weet speels te voorkomen dat zwaarte van het leven de overhand krijgt. Want ook als het even tegenzit, blijft er genoeg over om te lachen en te relativeren.

Als je meer wilt doen met deze eigenschap, kun je misschien:

- er elke dag voor zorgen dat je ten minste één persoon een glimlach ontlokt
- een goocheltruc leren en die aan je vrienden laten zien

• jezelf op de hak nemen door te zeggen 'daar ga ik weer'.

23. Hoopvol

De verwachting dat alles op zijn pootjes terechtkomt, maakt je niet blind voor negatieve zaken, maar helpt je juist onmogelijkheden onder ogen te zien. Je legt je neer bij wat niet meer kan en onderzoekt wat je nog wel kunt bereiken. Je bent daardoor gericht op de toekomst en optimistisch. Deze houding leidt er niet alleen toe dat je positieve verwachtingen voor de toekomst geregeld uitkomen, maar ook dat je stemming in het hier en nu meestal heel plezierig is.

Als je meer wilt doen met deze eigenschap, kun je misschien:

• terugdenken aan een oude teleurstelling en nagaan wat de goede kanten waren van die tegenslag

• een aantal doelen opschrijven die je jezelf stelt voor de komende week, maand en het komende jaar - schrijf niet alleen het doel ook, maar ook welke stappen je gaat zetten om het te bereiken

• voor jezelf beredeneren wat er niet klopt wanneer je een keer vervalt in sombere gedachten.

24. Dankbaar

Een van de vijanden van het geluk is gewenning. Wat vandaag bijzonder is, is voor velen morgen de gewoonste zaak van de wereld. Bij jou slijt de vreugde echter veel minder snel, doordat je in staat bent het goede dat je is toegevallen naar waarde te blijven schatten. Het goede is een blijvende bron van vreugde en je bent ook nooit te beroerd anderen te bedanken als zij iets fijns gedaan hebben. De dankbaarheid blijft niet beperkt tot de persoonlijke acties, maar je kan ook blij zijn met de natuur, het leven of God, maar niet met het feit dat je het zo goed met jezelf hebt getroffen.

Als je meer wilt doen met deze eigenschap, kun je misschien:

- aan het einde van de week drie dingen opschrijven waar je die week dankbaar voor bent

- de tel bijhouden van hoe vaak je 'dank je wel' tegen iemand zegt

- een brief schrijven aan een geliefd persoon waarin je uitdrukt hoe blij je bent met wat hij of zij voor jou betekent.

Elementen over feiten en gebeurtenissen:
Deze elementen hebben voornamelijk betrekking op feiten (zoals namen en nummers) die iets betekenen voor de klant, en gebeurtenissen uit het verre of recente verleden van de client. Elementen die betrekking hebben op toekomstige gebeurtenissen worden in deel III afzonderlijk behandeld.

Het Fuzzy Feit
Een fuzzy feit is een ogenschijnlijk feitelijke verklaring die zo geformuleerd is dat (a) het zeer waarschijnlijk wordt aanvaard (b) het veel ruimte laat om tot iets meer specifieks ontwikkeld te worden. Laten we eens kijken naar enkele veel voorkomende voorbeelden.

17. Geografische

Hier is een typisch voorbeeld, dat een deel van een tarotlezing kunnen vormen, ervan uitgaande van de lezing vindt plaats ergens in Nederland of Belgie:

"Ik zie een verband met Zuid-Europa, het warmere mediterane deel, of ken het zelfs Groot-Brittannië of Ierland zijn? Iets wat me aan eilanden doet denken, in ieder geval."

Dit voorbeeld varieert uiteraard met de geografische context van het lezen. Het essentiële idee is om een groot, afgelegen deel van de wereld of een ander deel van Europa aan te geven waarmee de klant kan wel eens een soort van verbinding zou kunnen hebben.

Merk op dat de helderziende niet heft gezegd of deze link van professionele, sociale, nationale of romantische aard is. Er is niet een bepaald land gespecificeerd. Ze heeft niet gezegd wanneer de verbinding tot stand is gekomen: nu of in het verleden of in de toekomst.

Echter, indien de client in enig opzicht verband heeft alle memet vernoemd deel, ongeacht hoe vaag, kan de client worden gestimuleerd om de nodige details verstrekken, bijvoorbeeld dat haar mans familie ooit woonde daar... De helderziende bouwt dan op deze feedback met betrekking tot de aanvankelijk vage verklaring iets specifieks uit.

Het hierboven gegeven voorbeeld zou kunnen worden worden uitgebouwd als volgt:

"Ik zie een verband met Europa, eventueel Groot-Brittannië, of het zou kunnen worden de warmere, mediterrane deel. Waar zou die indruk vandaan komen?"

"Zou dat ook Schotland kunnen zijn?"

"De link die ik (door)krijg lijkt te hebben dat soort van een Keltische smaak om het, maar ik was niet zeker, ik krijg Edinburgh voor een aantal redenen ... "
"Er is een link op mijn vaders kant. Zijn familie komt uit Schotland, maar het is niet Edinburgh. "
'Nou, misschien is dat gewoon een plaats die hij of zijn familie nu en dan bezocht... maar ik ben er zeker van dat er een verbinding is met dat deel van Europa, en de aansluiting door bloed en door het huwelijk geeft aan dat het een zinvolle indruk is, nietwaar? "
'Ja, zeker weten. "
Dus de helderziende vormt uit de eerste vaagheid iets veel specifieker. Dit is niet alleen handig tijdens het lezen zelf. Het beïnvloedt ook hoe de lezing nadien wordt herinnerd. Een verklaring zoals deze:
"Ik zie een verband met Europa, eventueel Groot-Brittannië, of het zou kunnen worden de warmere, mediterrane deel "
kan worden herinnerd als volgt:
"Ik zie een familieband, aan de kant van je vader, met Schotland, misschien Perthshire ".
Uiteraard is dit een totaal verkeerde herinnerde versie, maar het is veel indrukwekkender dan de oorspronkelijke werkelijke verklaring van de helderziende.

Het feit dat de opdrachtgevers zich vaak onnauwkeurig herinneren wat er gezegd is, is bekend bij sceptici. Niet-gelovigen worden vaak uitgedaagd om "uit te leggen" hoe een bepaalde helderziende zijn of haar informatie zou hebben geleverd of hoe de helderziende tot een ander stuk fantastich accurate informative zou zijn gekomen. Natuurlijk is de herinnerde specifieke versie die wordt aangeboden voor analyse, niet het fuzzy feit, dat oorspronkelijk werd gegeven.

18. Medische

Deze bijzondere versie van het fuzzy feit is vaak te vinden in spiritistische lezingen. Bijvoorbeeld, als het medium de informatie doorkrijgt over hoe iemand overging (overladen is), zou ze kunnen zegge:
"... En ik krijg een indicatie van een probleem rond het borst gebied (gebaren vaag naar het hart en longen). "
Hier bestaat een zeer grote kans om te kunnen corrigeren. Een groot aantal mensen sterven aan ziekten die rechtstreeks verband houden met het hart en de longen.

Echter, de kans op een hit zijn zelfs beter dan zij kan lijkt, gezien de vrij losse manier waarop de readings worden beoordeeld. Bijvoorbeeld, als de persoon is overleden als gevolg van nierfalen, kan de helderziende claim (terecht) aangeven dat dit uiteraard de getroffen omloop betreft, die gerelateerd is aan de werking van de hart. Vandaar dat de eerste verklaring wordt geïnterpreteerd als zijnde goed ook al is het verkeerd.
Deze bijzondere versie van het fuzzy feit kan ook worden op andere manieren naar voren worden gebracht. Indien de opdrachtgever stelt dat deze verklaring over de "Borst" verkeerd is, kan de helderziende de verklaring ontwikkelen in de trant van:
"Oh, dat is vreemd, want de borst is de duidelijke indruk die ik krijg. Hoe ging hij dan over, lieve? "
"Het was een plotseling auto-ongeluk. - Hij was op slag dood"

"Ah ja, ik zie nu. Wat hij zegt voor mij is dat het ongeval een hartaanval opleverde een fractie van een seconde voordat hij overleed. "
Nogmaals, de helderziende wint.
Veel helderzienden lezingen geven een zekere mate van diagnose in verband met de gezondheid, zelfs indien dit niet hun belangrijkste focus is. Bijvoorbeeld, een grafoloog of een tarotreader zou kunnen zeggen:
"Mmm, je voelt een beetje rugklachten af en toe?"
Zoals algemeen bekend heeft de grote meerderheid van de mensen een aantal ervaringen met rugproblemen. Door hierin de wervelkolom te betrekken, de spieren of de huid in dat gebied, is er veel ruimte voor een hit.

19. Feitelijke

Nog een andere versie van de fuzzy feit heeft betrekking op feiten en gebeurtenissen. Hier is een voorbeeld dat een deel van een astrologische reading zou kunnen vormen:
"Nu, er is een indicatie van een carrière in vooruitgang, of een overgang. Dit zou jij kunnen zijn, of iemand wiens carrière van invloed is op je. "
Dit draagt de tweeling kenmerken van het fuzzy feit: het is heel waarschijnlijk de reader gelijk heeft, en het laat veel ruimte voor verfijning in iets meer specifieke richting. De helderziende zegt niet wat er bedoeld wordt met "vooruitgang" of "overgang". Het kan worden verstaan als het verkrijgen van een baan, het verliezen van een baan, promotie, degradatie, verhuizing naar een nieuwe kantoor, een bonus, een loonsverhoging, een verandering van

verantwoordelijkheden, het krijgen van een nieuwe klant of een nieuwe account ... allerlei dingen. Zelfs de mogelijkheid van een van deze dingen zal tellen als een hit – want het is eigenlijk niet nodig dat het al gebeurd is.
Gezien het feit dat de helderziende zegt dat dit zou kunnen verwijzen naar de cliënt of iemand die ze kent, is er een zeer hoge kans dat dit geteld wordt als een hit, en wordt het herinnerd als veel specifieker dan het werkelijk was.
Een ander veelvoorkomend voorbeeld die vaak functioneel is in repertoire van de spiritist is het "uniform". Met verwijzing naar lid van het gezin, kan het begaafd medium zeggen: "En ik krijg een link met een sort uniform. Zegt u dat iets? "
Veel mensen hebben banen waarin het dragen van een uniform, of het dragen van iets dat daadwerkelijk een uniform in het kader van hun werk (zoals smart van de uitvoerende macht pak, of de slager voorschoot) is, gebruikelijk is. Als de overledene behoort tot deze categorie, is het een hit! Bovendien, veel mensen die zelf geen uniform dragen, werken op plaatsen waar anderen uniformen dragen, en deze vorm wordt de basis voor een hit. De kans op succes is nog niet ten einde. Veel mensen hebben gediend in het leger op een bepaald punt, dus dit biedt nog meer ruimte voor een potentiëel wonder.

Het fuzzy feit kan gebruikt worden om uitspraken te genereren over relaties, familie, carrière, namen van mensen of plaatsen of gebeurtenissen, afkortingen, getallen, reizen, vakanties en feesten.
Het is het wijdverbreide gebruik van de fuzzy feit dat waarschijnlijk aanleiding heft gegeven tot het idee dat koude lezing bestaat uit vage uitspraken.

Door zijn aard is dit element voornamelijk van toepassing op interactieve lezingen. Het kan echter gebruikt worden in gedrukte of post-lezingen, in welk geval de cliënt zelf al het werk heft om een manier te vinden om de verklaring te laten passen. Gelukkig voor de helderziende industrie zijn veel klanten u graag van dienst.

20. De Goede kans gok

Dit element is het maken van een gok die een hogere kans van slagen heft dan je zou denken. (Het is te onderscheiden van de regelrechte toevalstreffer, of gelukkige gok).
De helderziende kan iets zeggen in de trand van: "En bij het huis waar je woont, is er een 2 in het nummer?" Dit klinkt als regelrecht raden, en in sommige opzichten is het dat ook. Maar de kans, dat het klopt, is veel hoger dan je zou denken. De meerderheid van de cliënten hebben een gebrek aan ofwel missen de wiskundige verfijning, of geaardheid, om de juiste kansen uit te werken.
Laten we dit onderzoeken: Stel je hebt een straat met 100 huizen, 50 aan beide zijden. Hoeveel huizen hebben een 2 in hun nummer?
Het juiste antwoord is 19, heel dicht bij een vijfde van alle huizen in de straat. Dus de helderziende heeft bijna een 1 op 5 kans. (De kans stijgt voor straten met meer dan 19 huizen, maar beduidend minder dan 100, die in de praktijk van toepassing is een groot deel van de straten.)
Goede hiervan is, dat er veel meer honing in de pot is. Als de client het eerste aanbod verwerpt, kan de helderziende

proberen verbreding ervan in te zetten, zoals deze:
"Oh, dat is vreemd ... want ik zie echt een nummer 2.
Misschien is het het huis naast de deur ...?"
Als we terug gaan naar onze denkbeeldige straat van 100 huizen, 20 van hen (Niet bij de 19 tot nu toe geteld) zijn naast een huis met een 2 in het nummer. Daarom is de helderziende krijgt een hit als de cliënt woonde in een van 19 + 20 woningen, 39 in alle. Het aantal mogelijkheden is niet ten einde. Als de "huis naast de deur" truc heeft niet gewerkt, kan de helderziende altijd soepel als volgt zeggen:
"... Of misschien is het het huis zie je tegenover elke ochtend."
Dit voegt nog 8 woningen van degenen die niet zo ver geteld. Die maakt een totaal van 47 huizen, of bijna een kans van 50% het verkrijgen van een hit! (Als het nog steeds een misser is, kan de 2 opgeschreven worden waardoor de 2 een 7 lijkt... nieuwe ronde, nieuwe kansen).

De blauwe auto
Hier is een andere veel voorkomende voorbeeld van de goede kans gok:
"En om wat voor reden zie ik een blauwe auto voor de deur?"
Deze combineert een puur giswerk met intelligent denken. De kans op het krijgen van een hit is veel hoger dan het aanvankelijk lijkt. Indien de opdrachtgever een blauwe auto in eigendom heeft of rijdt, is het een hit. Als de client ooit zo'n auto had, dan is het een hit over haar verleden. Met slechts een weinig verfijning kan de helderziende een hit krijgen als een van de cliënts goede vrienden of buren een blauwe auto hebben. Of, indien de opdrachtgever onlangs bezocht is door een handels-of professionele mensen in een blauwe auto of

bestelwagen, die telt da took als een hit. Wanneer u denkt over de mogelijkheden ziet u dat de kansen van een hit vrij hoog zijn.

De andere sluwe deel van dit raden is de keuze van kleur. Auto's zijn er in vele kleuren en tinten, maar blauw is waarschijnlijk het meest voorkomende van alle. Wat meer is, de term 'blauw' heeft betrekking op een grotere mogelijke waaier van tinten en schakeringen dan elke andere mogelijke keuze - Uit de diepe, donkere tinten van Royal Blue naar cyaan en licht tussenliggende tinten zoals aquamarijn en turkoois.

Er zijn vele andere verklaringen die werken op dezelfde manier als deze twee voorbeelden. Technisch zijn ze gissingen die goed of fout kunnen zijn, maar in feite geven ze een zeer goede kans om te slagen. Het is ook de moeite waard erop te wijzen dat er in de meeste situaties weinig of geen tijd voor de client is om de subtiliteit te analyseren.

21. De Pure Gok

Het pure gok-element is precies dat - een pure gok, die de subtiliteit van de "Goede kans Gok" mist. De helderziende biedt gewoon een naam, initialen, datum of plaats en kijkt of de cliënt deze aanvaart.

Als het een hit is, lijkt het wonderbaarlijk en zal het zeker indruk op de client maken. Wat meer is: het kan daarna gebruikt worden om sceptici een dreun te geven, want het is blijkbaar onverklaarbaar. Als het geen hit is, kan de helderziende gemakkelijk overgaan naar iets anders.

Hoewel er niets subtiel over dit element is, is het wel nuttig bij

een Cold reading. Het is ook de moeite waard te benadrukken dat veel cliënten veel ruimte bij het interpreteren van de reading toepassen. Dezelfde soort dubbelzinnigheid, waardoor Fuzzy Feiten specifieke hits worden, helpt ook bij de Pure Gok. Neem hetvolgende voorbeeld:
"De naam Annie betekent iets voor jou. Ik zie dat iemand je hebt gekend, al een tijdje terug, met blonde haren ".
De reader gokt, maar heeft iets specifiek gezegd over de wijze waarop de naam betrekking op de klant heft. "Annie" kon een familielid zijn, een professionele collega of een vriendin. Ze kan levend of dood zijn, goed of alleen op afstand bekend, verbonden met het heden of het verleden. Er zijn eindeloze mogelijkheden om deze gok te tellen als een hit.
Indien de opdrachtgever een Anne, Anke, Annet, Nieke of iemand, wiens naam soortgelijk klinkt, kent, kan ze de milde correctieve doorvoeren en de reader alsnog een hit toedichten.

De drie-delige denkmogelijkheid

Het is ook de moeite waard erop te wijzen dat, indien een gok is samengesteld uit twee of drie delen, de klant waarschijnlijk alleen aandacht besteedt aan die delen, die juist zijn. In het voorbeeld hierboven gegeven, bestaat de gok uit drie delen: "Annie", "een tijdje terug" en "blonde haren". Als de opdrachtgever onlangs een Annie heft ontmoet met blonde haren, zal dit worden beschouwd als een opmerkelijke vertoning van helderziende waarzeggerij. Het onnauwkeurige deel (een tijdje terug) zal over het hoofd worden gezien. Evenzo, indien de opdrachtgever iemand met blond haar een tijdje terug heeft gekend, zal de helderziende een hit worden toegedicht, zelfs als deze persoon niet eens Annie of dergelijke heet.

Hetzelfde geldt voor elke denkoefening, die uit meerdere onderdelen bestaat. Om deze redden zullen veel Readers ervoor zorgen dat hun pure gok altijd bestaat uit twee of meer delen.

Hier is een ander voorbeeld van een driedelige pure gok: "Nu, om de een of andere reden zie ik dat voor u het einde van Augustus van belang is; zoiets als einde augustus – laten we zeggen vanaf twintig tot zesentwintig Augustus, misschien een dag dichter, in ieder geval rond deze tijd, en een man, in verband met u, een bril draagt. "

Indien de opdrachtgever is getrouwd met een bebrilde man wiens verjaardag op 27 augustus valt, zal de helderziende worden gecrediteerd met verbazingwekkende krachten die de wetenschap niet bij machte is om uit te leggen. Echter, de gok biedt veel ruimte voor ten minste gedeeltelijk succes.

De datum kan meer of minder alles zijn, van 20 augustus tot aan het einde van de maand. Het kan verwijzen naar een verjaardag, een vakantie, een leuke of belangrijke activiteit of een belangrijke beslissing. Het zou elk jaar kunnen zijn, of gewoon vorig jaar of gewoon dit jaar. Het kan persoonlijk zijn, belangrijk of niet belangrijk zijn, sociaal of professioneel. De man zou een echtgenoot, partner, broer, familielid, vriend, collega of een professioneel contact (zoals de clients arts of accountant of garagist) kunnen zijn. Levend of dood, dichtbij of ver, goed bekend of een verre kennis. Hoe meer mogelijkheden, hoe meer kans u zult zien om de pure gok om te kunnen zetten tot een correcte hit, op een of andere manier.

Natuurlijk, hoe meer pure gokken de reading omvat, hoe hoger de kansen zijn op het krijgen van een hit.
Sommige paranormaal begaafden slagen erin om tientallen verschillende namen te noemen, afkortingen, data of plaatsen in een enkele lezing. De mist doet het vergeten. De hits zijn degenen die indruk maken op de klant, en daarover spreekt de client nadien.
In mijn eigen lezingen gebruik ik het pure gok-element zeer spaarzaam, omdat ik niet zo van deze method houd. Als ik de method schijnbaar gebruik, heft het er meestal meet e maken, dat ik om een of andere aanwijsbare (of niet aanwijsbare reden) het gevoel heb, dat ik het 'moet' zeggen. In ieder geval: als het gebeurt en het is een hit, dan is dat een onverklaarbaar wonder en zeer indrukwekkend. Zo niet, dan is het snel vergeten.

Gewone gissen

Veel readers gebruiken deze gok-techniek ook buiten hun readings. Bijvoorbeeld tijdens het chatten met iemand voor de eerste keer kan het terloops gooien van een gok met betrekking tot het sterreteken, of de naam van een familielid of een bepaalde hobby best leuk zijn. Het is geen misdaad onjuist te zijn, en als helderziende kunt u altijd zeggen dat ze sprak voordat ze een goede verstandhouding had ontwikkeld. Aan de andere kant, als de pure gok correct is, dan zal deze hit wijzen op het begin van de 'legende'.
Op een keer was ik in gesprek met een intercedente van een uitzendbureau. Ik maakte enige milde grapjes over haar wezen "zeer efficiënt, een typische Sagittarius ". Aangezien

haar sterrenbeeld Boogschutter was, was ze zeer onder de indruk. Eerlijkheidshalve moet ik toegeven, dat het altijd om te buigen zou zijn geweest tot een hit: ikzelf ben namelijk ook Saggitarius. De pure gok kan geen kwaad, en kan vaak helpen.

22. De Statistische Feiten

Statistische Feiten zijn uitspraken op basis van statistieken en demografische gegevens. Er is een schat van dergelijke informatie beschikbaar, in bibliotheken, gespecialiseerde publicaties, commerciële databanken en het internet.

Dit soort informatie kan in een reading een rol spelen. Stel bijvoorbeeld dat de helderziende een reading geeft in een regio waar, statistisch gezien, de meeste van de vrouwen die part-time banen hebben, hetzij in de gezondheidszorg of de textielindustrie werken.
Als de helderziende redenen heeft om bij haar cliënt te denken dat deze part-time werkt, dan weet ze in dit geval welke twee gebieden het meest waarschijnlijk de moeite waard zijn om te verkennen. Zoals met vele aspecten van Cold Reading, zijn er goede en slechte manieren om deze informative te gebruiken.

Hier is een voorbeeld van de slechte manier:
"Er is een indicatie dat je carrière is gerelateerd aan gezondheid. Of eventueel textiel. "

Dit is zo doorzichtig en het is banaal en nutteloos. In

tegenstelling, stel je voor dat de helderziende een astrologische lezing geeft, en web als volgt spint:
"... als het draait om het gebied van werk en loopbaan suggereert de invloed van Ram dat je een grote capaciteit hebt om te werken met mensen en hen te helpen. In feite is de samenstand van uw vijfde huis zodoende dat je heel succesvol kunt zijn als je werkt met mensen waarbij zorg of begeleiding nodig is in een of andere vorm. De sterren suggereren dat dit ... "
Op dit punt, pauzeert de reader om te zien of de cliënt akkoord lijkt te zijn. Zo niet, past de helderziende veranderingen toe:
"... Maar dat heeft meer te doen met uw potentiële, in plaats van je feitelijke huidige situatie. De relatief zeldzame invloed van Saturnus op het moment, gekoppeld aan uw Steenbok natuur, stelt dat je je energie zou kunnen hebben gevonden gekanaliseerd in werken met je handen, misschien in een vorm van productie, hoewel, als mijn interpretatie juist is, de jouwe werk is dat andere mensen zullen transformeren. Is dit zinvol voor u? "
Op deze manier kan de helderziende een klapper maken op twee mogelijke carrières - gezondheid en textiel-op een manier die ten minste klinkt alsof de informatie afkomstig is van de sterren in plaats van een webpagina van de lokale statistieken.
Uiteraard is het succes van dit element afhankelijk ervan hoe betrouwbaar de informatie is, en hoe intelligent het is toegepast. Ervaren Readers zorgen dat hun informative, die is verzameld, nuttig is. Mediums en spiritisten, bijvoorbeeld, hebben alles te winnen hebben bij het leren van de statistisch

meest voorkomende oorzaken van overlijden..
Er is zeker geen tekort aan demografische gegevens beschikbaar. Er zijn tabellen en rapporten met betrekking tot het opleidingsniveau, loopbanen, salarissen, trouwen, leeftijd, heersende gezondheidsproblemen en talloze andere onderwerpen.
Een beroep te doen op zeer bekende statistieken is uitnodigen op nogal cynisch reacties. Maar minder bekende statistieken kunnen zeer nuttig zijn.
Bijvoorbeeld, wat is de meest populaire sport of tijdverdrijf in Belgie? De meeste Belgen zouden zeggen voetbal. Dat klopt als we toeschouwers zouden moeten tellen... Maar in termen van diegenen die actief deelnemen is de topsport vissen.
Puzzelen (in de krant) is ook zo'n leuke actieve bezigheid...

23. Het Triviale feit

Dit element bestaat uit een verklaring over triviale huiselijke en persoonlijke gegevens. Overwegende dat het statistisch feit afkomstig is uit officiële statistieken, zijn triviale Statistieken gebaseerd op algemeen toepasbare feiten, afgeleid uit ervaring in plaats van bureaucratische compilaties. Ervaren Readers ontwikkelen hun eigen favoriete triviale feiten na verloop van tijd. Hier zijn er een paar die ik heb verzameld. Sommigen van hen lijken meer kans te hebben om hits te worden dan anderen.
Over wat u zou vinden bij de meeste mensen thuis:
- Een doos met oude foto's ergens, niet netjes gesorteerd in albums
- Oude medicijnen of medische benodigdheden, verouderd of

over datum
- Ten minste een speeltje, of een paar boeken, die herinneringen uit jeugd zijn
- Sommige sieraden, of misschien zelfs wel oorlogmedailles, van een overleden gezinslid
- Een pak kaarten, zelfs als ze zeggen dat ze nooit meer kaarten spelen, en heel vaak dat een of meer kaarten ontbreekt
- Sommige elektronische gizmo's of gadgets die niet meer werken; ze zullen nooit meer worden hersteld, maar zijn nog niet weggegooid
- Een kladblok of message board, dat ooit een bijpassende pen had maar de pen ontbreekt
- Een notitie, toegevoegd aan de koelkast of in de buurt van de telefoon, die aanzienlijk verouderd is
- Een paar boeken met betrekking tot een interesse of hobby die niet langer nagestreefd wordt
- Een kalender die niets te maken heft met het lopende jaar
- Opeenvolgende edities van een tijdschrift, sommige zelfs nog in het plastiek
- Een lade die niet zo gemakkelijk schuift als het zou moeten, of een cabinet/kast waarvan de deuren niet goed werken
- Sommige items op een open display die werden gekocht op vakantie
- Een sleutel die nu overbodig is, of waarvan het exacte doel vergeten is
- Een kapot horloge of klok

Ten aanzien van mannen en vrouwen:
- De meeste mannen probeerden als kind een

muziekinstrument te leren, maar vervolgens werd dit opgegeven
- De meeste mannen droegen een snor of baard op een bepaald punt, zelfs als zij nu gladgeschoren zijn.
- De meeste mannen hebben minstens een oud pak in hun garderobe dat hen nu niet meer past
- De meeste vrouwen hebben, een eigen gemaakt, of in eigendom, een kledingstuk dat zij kochten en daarna nooit droegen
- De meeste vrouwen hebben veel meer schoenen dan ze in werkelijkheid nodig hebben
- De meeste vrouwen houden foto's van hun dierbaren in hun portemonnee of in de buurt van henzelf, zelfs als ze niet het sentimentele type lijken
- De meeste vrouwen dragen hun haar lang als kind, als ze ouder worden nemen ze vaak een korter kapsel
- De meeste vrouwen hebben tenminste een oor-ring van de partner (gekregen) die verloren is gegaan
- De meeste mensen hebben een litteken op de linkerknie of hebben dat althans gehad, - De meeste mensen hebben een cijfer '2 'in hun huisnummer, of kent iemand die dat heeft
- De meeste mensen zullen betrokken zijn geweest bij een soort van jeugdongeval bij het water
- De meeste mensen met een lichte huid hebben op minst eenmaal slechte zon ervaren

Het zal duidelijk zijn dat de moeite waard is en dat triviale feiten variëren naar gelang de cultuur, regio en inhoud. De helderziende die gebruik wil maken van dit element dient voorbeelden te verwerven, die nodig zijn voor haar regio en klantenkring.

Thema en variaties

Triviale feit- elementen kunnen worden geweven in bijna elke vorm van lezing. Met slechts een kleine presentatie en verfraaiing, kunnen ze zo gemaakt worden dat ze heel indrukwekkend klinken. Bijvoorbeeld, niet goed:
"Je hebt een doos met oude foto's thuis."
Deze mist presentatie, flair, zelfs als het juist is. Dus de helderziende voegt een paar extra dingen in, zodat het beter klinkt. De tarot-versie zou als volgt uitzien:
"Ah ... de 3 Pentakels en, in dezelfde lijn, de wereld. Dat is een zeer interessante combinatie van kaarten, eigenlijk. In het algemeen, heft de Wereld betrekking op uw eigen persoonlijke domein of thuis, zoals uw eigen huis of uw eigen kamer. Deze combinatie kenmerkt het soort persoon die duidelijk onderscheid maakt tussen de dingen, die van belang zijn, en dingen die dat niet zijn. Je bent vrij analytisch in dat opzicht. Het is alsof je geneigd om meer waarde te hechten aan een aantal bezittingen dan anderen. Je weet wel, je zou het type kunnen zijn die enkele foto's, die belangrijk zijn, netjes heft verzameld in albums, en andere foto's die minder belangrijk zijn laat u juist slingferen in een oude doos."
Aan de andere kant, hier is een voorbeeld van hoe het handleesversie zou kunnen gaan:
"Deze lijn, hier aan de basis van de ringvinger, geeft uw materialistische aard aan. Ze is duidelijk in tweeën gedeeld door het hartlijn, hetgeen aangeeft dat u een persoon bent, die een duidelijk onderscheid maakt - u schat een aantal bezittingen in als belangrijk, terwijl je graag zou ontdoen of

negeren van andere zaken alsof ze er niet toe doen. U kent het soort dingen bedoel ik - net als de mensen die hebben last van familiefoto's: sommige zijn netjes geplakt in een album bewaard in de woonkamer – dat zijn de belangrijkste - terwijl de andere foto's in een doos liggen, in een kast in de slaapkamer. "
Spiritistisch:
"En ik heb je oom hier nu. Het gaat erg goed met hem, vertelt hij me, en houdt heel erg veel van je. Oh, denk je, maar hij heeft wel gevoel voor humor, en hij is nu aan het klagen. Wat is dat ....? Ah, ik begrijp het, hij zegt iets over foto's. Oude foto's, wel te verstaan. Hij zegt dat je nog oude foto's van hem hebt en en ze staan niet in het zicht! Ze liggen allemaal in een doos in een kast en je kijkt nooit naar ze. "
Persoonlijk gebruik de triviale feiten heel weinig. Andere Readers lijken te veel belang hechten aan hun collectie van dergelijke verklaringen. Zoals met zoveel andere aspecten van Cold Reading: het is puur een kwestie van persoonlijke stijl, voorkeur en ervaring.

24. De Culturele Trend

Dit is nauw verbonden met de twee voorgaande elementen. Het is gewoon gebaseerd op het naleven heersende sociale en culturele trends en het extrapoleren (figuurlijk buiten de oorspronkelijke relatie brengen of beschouwen) van hen. Een goede kennis van de huidige trends kan helpen om nauwkeurige uitspraken over het leven van de client - haar karakter, attitudes, hobby's en beroepen – te maken. Gissen, naar hoe deze trends zich zullen ontwikkelen, kan helpen om voorspellingen te doen voor de toekomst.

Ik kan je vertellen over een paar trends heb ik bemerkt. Mannen en huidverzorgingsproducten zijn een 35 miljoen dollar industrie en die industrie groeit. Zij omvatten vochtinbrengende, onder de ogen (maar gedaan op een mannelijke manier).
Het is niet ongewoon voor professionele mannen een manicure te krijgen. Ik weet van een Premier 5-sterren spa gevestigd in Californië.
Mannen zijn echt inhaalslag begonnen met plastische chirurgie. Als ik mij goed herinner is de meest populaire mannelijke procedure een facelift; liposuctie volgt niet ver daarachter. Mannen hebben de neiging om te willen doorgaan voor het rond 40 of zo, en het motief is te verdedigen.
Allemaal de moeite waard om te weten, als je als Reader een client een man, die sport, manicure, verdacht gezond lijkt, en jonger dan zijn leeftijd lijkt, hebt.

25. De herinnering aan de jeugd

Zoals de naam al aangeeft, bestaat dit element uit een verklaring die gebaseerd is op gemeenschappelijke ervaringen van de kindertijd. De truc is om bedenken welke verklaringen die iets minder voor de hand liggen, of op tenminste dat dat zo lijkt te zijn in het kader van een lezing.

Een van mijn persoonlijke favorieten is 'het verlaten belang', en het gaat als volgt:
"In uw jongere jaren, krijg ik de indruk van een bepaald belang dat je heel veel hebt laten zien van een toekomstige belofte. Om uit te leggen: Ik krijg het gevoel dat dit iets was op de creatieve of artistieke kant, waar misschien wel je ouders vonden dat je zou hebben gebracht tot grote dingen, zoals ze zeggen, maar het heeft niet mogen zijn... "
Dit soort commentaar zal de instemming van de meeste klanten winnen. Het simpele feit is dat de meeste kinderen hun sterkste talenten, met veel enthousiasme willen ontwikkelen. Echter, over het algemeen leveren hun persoonlijke passies weinig roem en fortuin op, en zo raken deze passies en belangen op de achtergrond, en worden verwaarloosd of achtergelaten.
De hit valt over het algemeen in een van de twee categorieën: ofwel creatieve / artistieke (schrijven, schilderen, muziek, dans) of sport / atletiek. Als ik dit element gebruik, maak ik een gok welke van de twee meer kans hebben, en als het niet lijkt te raken probeer ik het alternatief te bieden.

26. Woorden en de betekenis

In het geval van de herinnering aan de jeugd lijkt dit te eenvoudig om doeltreffend te zijn. In de loop van een succesvolle lezing echter, kan de helderziende de meeste van de woorden uitspreken, maar het is de klant die het grootste deel van de zin, onzin of betekenis bepaalt. Cliënten hebben de neiging om te enten hun eigen specifieke ervaringen komlende uit meer algemene woorden en thema's verstrekt

door het helderziende.
Dit is een belangrijke psychologische factor in Cold reading. Het geldt voor de meerderheid van de elementen in deze sectie, maar het is vooral relevant voor de jeugdherinnering. De helderziende's eenvoudige verwijzing naar "een talent of bekwaamheid" kan een zeer gedetailleerde en levendige set van herinneringen in het achterhoofd van de client opleveren, vol met zeer specifieke herinneringen en gevoelens - het streven naar de virtuoos op de piano, het produceren van een eerste olieverfschilderij, het winnen van een atletiekwedstrijd prijs .... Vervolgens krijgt de helderziende niet het krediet voor de eenvoudige herinnering aan de jeugdverklaring in zijn ruwe vorm, maar voor het feit van al deze specifieke en oprechte herinneringen van weleer.

27. De bezorgde ouders

Een andere herinnering aan de jeugd die ik heb gebruikt in combinatie met groot succes is 'de bezorgde ouders', die gaat als volgt:
"Nogmaals, in je jongere, vormende jaren, terwijl alle kinderen een paar kleine ziektes hadden, kan ik essentielers aangeven - misschien was het een ziekte of was het een letsel of een ongeval, maar ... het was eigenlijk heel ernstig. Je ouders en andere mensen om je heen waren meer bezorgd hierover dan dat misschien echt nodig was, zeker nadat dat alles in orde bleek. "
Dit is slechts een stap verwijderd van het voor de hand liggende (alle kinderen gaan door middel van een aantal ziekten en aandoeningen) naar het iets minder voor de hand

liggende (de meeste kinderen ervaren minstens een ernstige ziekte of een ongeval). Een zeer gelijkaardige variant is het 'ongeval met water'.
De meeste mensen vinden iets in hun jeugd iets wat banden heeft met een soortgelijke verklaring.

28. De gelukkige job

Een andere herinnering aan de jeugdverklaring, die ik heb gebruikt, verwijst naar begin van hun loopbaan. Ik noem het de 'de gelukkige job'-verklaring en het klinkt als volgt:
"Ik ben nu op zoek in de tijd rond als je eerste echte baan of toen je jouw eerste echte carriere move had, en ... Mmm, dit is moeilijk uit te leggen. Ik krijg het gevoel dat er sprake was van wat geluk, misschien een sterke toeval of een toevalstreffer in uw voordeel. Hoe dan ook ... iets wat niet heel orthodox was over hoe u lukte om deze baan te krijgen of deze positie. Ik denk dat dit misschien zinvol is om te weten. '
Dit is slechts een ander voorbeeld van dezelfde jeugdherinnering formule: een zeer vaak voorkomende ervaring, beschreven op een iets minder dan voor de hand liggende manier. Werkgevers gaan over het algemeen op zoek naar ervaring, en jonge mensen kunnen deze ervaring niet hebben totdat iemand hen een baan geeft. Negen van de tien keer wordt deze vicieuze cirkel alleen gebroken ten gevolge van een stukje van goed geluk of een verrassende mogelijkheid. Er is niets opmerkelijks, maar het valt in de categorie van 'iets minder dan voor de hand liggende ', met

name in het kader van een helderziende lezing.

29. Volkswijsheid

Volkswijsheid is kennis die door overlevering in stand wordt gehouden. Dit kun je zien als een soort van collectieve verhalen. Personen die onder andere bekend zijn vanwege hun kennis van volkswijsheden en daar ook over hebben geschreven zijn Klazien uut Zalk en Paul van Zummeren.

Een aantal volkswijsheden:

Na regen komt zonneschijn.

Een ongeluk komt zelden alleen.

Geld moet rollen.

Wie wat bewaart die heeft wat.

Met de hoed in de hand,
komt men door het ganse land.

De brutalen hebben de halve wereld.

Beter een half ei, dan een lege dop.

Wie niet waagt, die niet wint.

Wie goed doet, goed ontmoet.

Al te goed is buurman's gek.

Wie goed doet, goed ontmoet.
Stank voor dank.

Als er een schaap over de dam is
volgen er meer.

Eén zwaluw maakt nog geen zomer.

Jong geleerd, oud gedaan.

Door schade en schande wordt men wijs.

De eerste klap is een daalder waard.

Het eerste gewin is kattengespin

De eerste klap is een daalder waard
Wie het laatst lacht, lacht het best.

Waar een wil is, is een weg.

Beter ten halve gekeerd dan ten hele
gedwaald.

Bezint eer ge begint.

Men moet het ijzer smeden als het heet is.

Readers zijn bepaald geen vijand van clichés. Vele lezingen zijn bezaaid met die combinatie van een beroep op een gemeenschappelijke ervaring en grenzeloos optimisme wat doorgaat voor volkswijsheid. Hier zijn enkele gebruikersvriendelijke voorbeelden:

"Na het afgelopen jaar is het niet verwonderlijk dat u behoefte heeft aan een pauze. Laten we eerlijk zijn: we moeten allemaal een beetje ademruimte hebben nu en dan om onze batterijen weer op te laden. "

"Terwijl het succes is verzekerd, moet u geduldig kunnen zijn. Nooit vergeten dat de langste reis begint met een enkele stap / Rome was niet in een dag gebouwd. "

"We moeten allemaal dingen uitpraten of uitklaren met een vriend van tijd tot tijd, en het is een waarheid als een koe - twee hoofden kunnen beter denken dan een. "

"Deze uitdaging lijkt misschien een beetje intimiderend, dan is het weer verrassend wat je kunt doen als je je geest aan het werk zet, is niet het? "

"Het belangrijkste is niet ongerust te zijn. Laten we eerlijk zijn, deze dingen kom je onderweg vaak tegen en bij het einde kijk je terug en je denkt dan: " heb ik me daar allemaal zorgen over gemaakt? "

"Er is een zeker licht aan het eind van de tunnel. Het is een oud gezegde dat de lucht altijd het donkerst is net voor de dageraad. "

Dit is niet zozeer een bijzonder nuttig of productief element, maar het is toch een element dat nuttig kan zijn voor opvulling van een reading, of het samenvatten of een gevoelsuiting te geven voordat overgestappt wordt naar iets anders.

30. De seizoensgebonden Touch

De seizoensgebonden Touch is een zeer eenvoudig element. De helderziende biedt louter verklaringen gebaseerd op de tijd van het jaar of andere seizoensgebonden factoren. Deze verklaringen zijn uiteraard afhankelijk van het land, de cultuur en de samenleving waarin het helderziende de lezing geeft. Bijvoorbeeld, ik woon in Belgie, waar het voorjaar doorgaans geassocieerd wordt met 'voorjaarsschoonmaak' en het aanbreken van belangrijke nieuwe taken rondom het huis. Januari/februari en juli zijn de meest voorkomende maanden voor grote verkoop in de winkels, waarbij veel vrouwen op zoek gaan naar koopjes.
De financiële kalender kan ook nuttig zijn. Een van mijn correspondenten in Nederland vertelt me dat tussen de maanden februari en april de mensen zich moeten bezig

houden met het invullen van de belasting. In mei/juni verwachten sommige van deze mensen een aanzienlijke belastingteruggave, terwijl anderen bibberend de blauwe aanslagbrief om te betalen verwachten. Hier in Belgie blijken de Aangiften inkomstenbelasting regelmatig hoofdpijn te bezorgen aan veel mensen - vooral iemand die als zelfstandige werkzaam is. Dit speelt zich af vanaf april.

Om het meeste uit dit element te halen, kun je wat nadenken over hoeveel verschillende agenda's die we allemaal leven. Ik heb nu al in het kort verwezen naar drie, die we misschien de huishoudkalender, de retail-kalender en de financiële kalender zouden kunnen noemen. Er zijn vele andere - de sport-kalender, de entertainmentkalender (seizoenen voor nieuwe shows, televisie-afleveringen of sombere oude herhalingen), het etenskalender en ga zo maar door.

31. Het toevoegen van beelden

Dit is een van meest risicovolle en transparante elementen. Er zijn niet veel huisvrouwen, die versteld zullen staan om te horen dat ze bezig zijn geweest met de lenteschoonmaak. Dit schreeuwend gebrek aan subtiliteit aanmoedigen zal veel paranormaal begaafden onbetrouwbaar doen overkomen. De kunstzinnige helderziende neemt derhalve de moeite om de verklaring te kleden met passende beelden.

Niet goed:
"Je hebt de grote schoonmaak gedaan en klusjes rondom het het huis".

Dit is beter:
"Als ik voor een moment gericht ben op het huiselijke aspect

van het leven: ik ondervind vertoningen van activiteit en heel veel inspanning. Ik heb het gevoel onder druk te komen staan - ik bedoel dat zowel in de fysieke zin, pijn in de rug misschien - maar ook in de geestelijke zin, om te proberen om dingen weer goed te maken, rommel te sorteren om een zekere zin van ordening te krijgen, orde, van de juiste dingen op de juiste plaatsen. Ik krijg het gevoel van een zeer energieke uitstraling, maar ook van vermoeidheid, zoals iemand ervaart bij het uitzoeken van kasten en weggooien van oude verfblikken die nog niet zijn aangeraakt, dat soort dingen. "

32. **Extrapolatie en perspectief**

Het is mogelijk om te extrapoleren op basis van seizoensgebonden gegevens om iets minder voor de hand liggende dingen te zeggen.

Er zijn veel vrouwen, die na de uitverkoop of sperperiode, beangstigend veel creditcard facturen ongeveer een maand later krijgen. Vandaar dat de helderziende, op voorwaarde dat de klant in dit patroon lijkt te passen, financiële zaken met enig vertrouwen, kan bespreken met de client. Ervaren helderzienden zijn goed in dit soort redeneren, waarbij de keten van oorzaak en gevolg leidt van 'Dingen die iedereen weet ' door laten klinken tot een inzicht.

33. Verschillende weergaven

Een andere manier is om verschillende gezichtspunten te overwegen. Het nemen van de 'uitverkoop' notie leidt tot meer: overweeg vier verschillende personen: (a) de scherpe koopjesjager, die geniet van de verkoop, (b) de winkel assistente, die bang is voor de extra werklast en de algemene onrust, (c) de echtgenoot, die is nogal geschokt door de daaruit voortvloeiende aanslag op de echtelijke credit card, (d) iemand die geen belang heeft bij de verkoop, en de verstoring van hun favoriete winkels en warenhuizen schuwt. Vier verschillende mensen, met vier zeer verschillende perspectieven. Vandaar dat dit vrij eenvoudig stukje informatie kan leiden tot zeer verschillend materiaal voor lezingen, afhankelijk van de vraag of de cliënt behoort tot de categorieën (a), (b), (c), (d) of 'geen van bovenstaande'. Paranormaal begaafden kunnen ook Seizoensgebonden Touch verklaringen bedenken die meer kans hebben om van toepassing te zijn op mannen dan vrouwen. Sportieve ontmoetingen bieden een voor de hand liggende bron van materiaal.

34. The Opposites Game

The Opposites Game is een zeer intrigerend element, en een dat me fascineerde vanaf het moment dat ik het voor het eerst tegenkwam.
De helderziende geeft aan aan de klant dat er iemand in haar leven is met wie ze niet kan opschieten of met wie ze enige wrijving voelt. De helderziende gaat vervolgens over om deze 'lastige' of 'nutteloos' persoon in detail te beschrijven.
Om dit te doen, beschrijft de helderziende gewoon iemand, die het tegenovergestelde is van de client. Bijvoorbeeld, als

de klant nogal gereserveerd en formeel lijkt, beschrijft de helderziende iemand die zorgeloos, casual en bizar lijkt. Indien de opdrachtgever nogal gezaghebbend en uitgesproken lijkt, beschrijft de helderziende iemand die schuchter en bedeesd is. Op deze manier duurt het slechts een minuut of twee om een indrukwekkend 'helderziend profiel' te leveren van wat een schimmige vijandelijke figuur lijkt.

Vaker wel dan niet zal de cliënt in staat zijn om iemand te identificeren die overeenkomt met de beschrijving, en aan wie ze een hekel heeft tot op zekere hoogte. Dit element is minder duidelijk, maar niettemin effectief.

35. Het Push Statement

Ik heb bewust de Push Verklaring tot het laatst bewaard. Dit is omdat het is zonder twijfel het moeilijkste element is om duidelijk uit te leggen. Het is ook een van de meest krachtige. De elementen heb ik tot dusver opgesomd zijn ontworpen om een hit te verkrijgen, dat wil zeggen: akkoord van de cliënt dat de helderziende's uitspraken zaccuraat, of op zijn minst aannemelijk zijn. Push Verklaringen zijn anders.

Ze zijn opzettelijk ontworpen om te worden afgewezen door de opdrachtgever. Dat wil zeggen: worden afgewezen op het eerste zicht. Ze kunnen echter bijna altijd passend worden gemaakt om te passen.

Push verklaringen zijn moeilijk te maken, en in het algemeen evolueren ze met ervaring gedurende vele lezingen. Ik heb er maar een of twee die ik vertrouw, en ik gebruik ze spaarzaam. Een die ik veel gebruikt heb is 'De rode vloer'. Het gaat

ongeveer als volgt:
"Ongeveer drie maanden geleden, zie ik je staan in een kamer, en het lijkt een vreemd detail om op te noemen, maar om de een of andere reden moet ik vermelden dat ik een rode of rood-achtige vloer zie. Ik denk niet dat het in uw huis of waar je werkt is - het is ergens anders. En er is deze rode kleur om je heen, en het is een plaats van enige betekenis voor jou. Nu kan ik u alleen vertellen wat ik doorkrijg, hoe dan ook - het lijkt zinvol te zijn, en wat ik doorkrijg is dat je er bent voor een soort vergadering. Ik weet niet of er een andere persoon of een groep bij betrokken is, maar ik voel dat iemand verwacht dat je zou zijn, en je verwacht werd op hen te wachten. "

Dit krijgt bijna altijd een negatieve reactie van de klant - dat is de bedoeling. Vervolgens begin ik met de 'push'- verklaring en straal het vertrouwen uit dat uiteindelijk de zin duidelijk zal worden. Dit gevoel van vertrouwen is belangrijk, en helpt om de bewijslast bij de klant om iets dat past te vinden.

Zoals ik al aangaf zal ik mijn eerste verklaring blijven pushen, duwen, ik begin subtiel meer opties te geven. De kleur zou zijn geweest een soort van roestig bruin, of een herfstachtige schaduw. Het is misschien niet de vloer die was zo rood was, echter wel het algemene milieu waarop werknemers een rood-achtige kleurstelling, of een gevarenzone (rood = Gevaar) hadden aangetekend.

De vergadering kon vastgezet zijn of toevallig, significant of triviaal, routine of eenmalig. Het kan gaan over iets sociaals, professioneels, familiaal of romantisch.

Vroeg of later, in een zeer hoog percentage van de gevallen

zal de cliënt iets herinneren dat past. Het hele punt van een Push Verklaring is dat de helderziende zich bewust lijkt van iets wat de klant zelf had vergeten. Dit is vernietigend indrukwekkend als het werkt. Het is zaak voor een helderziende om dingen op te sporen waar de cliënt zich bewust van is. Het is iets heel anders voor de helderziende om kennelijk dingen te 'zien' die de klant zelf had meer of minder vergeten.

Het is niet gemakkelijk om nieuwe Push-verklaringen die werken te bedenken. De details moeten net voldoende ongebruikelijk worden om het niet op giswerk te laten lijken, maar net voldoende gemeenschappelijke kansen bieden om te slagen. De gegevens moeten ook kunnen worden uitgebreid en opnieuw geïnterpreteerd kunnen worden in bredere termen, zodat de kans op succes wordt verbeterd als de helderziende 'helpt' de klant om te onthouden.

De schoen en het feest - element

Een ander voorbeeld is 'de schoen en het feest'-element, die ik meer dan eens heb gebruikt op vrouwelijke klanten jonger dan 35 jaar.

Het gaat als volgt:
"Ik krijg de indruk van een partij of een feest, die denk ik, plaatsvond rond de feestdagen, Kerstmis of zo, maar niet noodzakelijkerwijs een werkelijk kerstfeest. Er is een auto bij betrokken, en een probleem met deze auto of met het vervoer. In ieder geval, ik zie dat je met een schoen, of met problemen met een van jouw schoenen, geconfronteerd wordt. Het zou zoiets kunnen zijn als een gebroken hiel; Dat is heel gewoon, maar ik voel dat er iets niet zo gewoon is

hiermee, of er iets zo is beschadigd dat je niet verder kunt en deze schoen heeft er duidelijk mee te maken.
Je bent duidelijk niet blij mee. En ik bemerk het gevoel dat je jouw gevoelens hierover zeer duidelijk aan de mensen om je heen maakt! Zegt je dat iets? "
Natuurlijk, dit element leidt soms nergens toe en er is bij een persistente weigering een ontsnapping nodig. De meest eenvoudigste optie zou kunnen zijn zijn om te suggereren dat als het nog niet gebeurd is, het snel gaat gebeuren, of om de klant te verzoeken hierover in latere instantie terug te denken, omdat de betekenis hierover later kan komen.

Een succesvolle push
Ik demonstreerde een Cold Reading op een feestje. In de loop van de lezing voor een van de aanwezige meisjes, gebruikte ik het 'de schoen en feest'-element en voegde de naam 'Jan' eraan toe. Ze was niet in staat om het evenement in haar geheugen te vinden.
Tien minuten nadat ik de lezing beeindigd had en terwijl ik in gesprek met iemand anders was, werd het meisje plotseling erg opgewonden. In alle kleuren van puur ongeloof, riep ze uit dat ze had nagedacht over haar tienerjaren waarin inderdaad haar schoen afgebroken was tijdens het dansen met een van haar vrienden met de naam ... 'Jan'! Hoewel dit geenszins een volledig succes was, kon het meisje gewoon niet geloven dat ik erin was geslaagd om dit evenement zo nauwkeurig te zien.

Ik heb mijn successen en mislukkingen met Push uitspraken, maar per saldo geloof ik dat ze de moeite waard zijn.

www.ingramcontent.com/pod-product-compliance
Lightning Source LLC
Chambersburg PA
CBHW071409040426
42444CB00009B/2162